W0306638

Sonja Söder · Stefan Hüsgen · Peter Schlösser

WOYO®

Workout-Yoga

Das moderne Yoga-Training

COPRESS SPORT

Inhalt

Autoren

Stefan Hüsgen

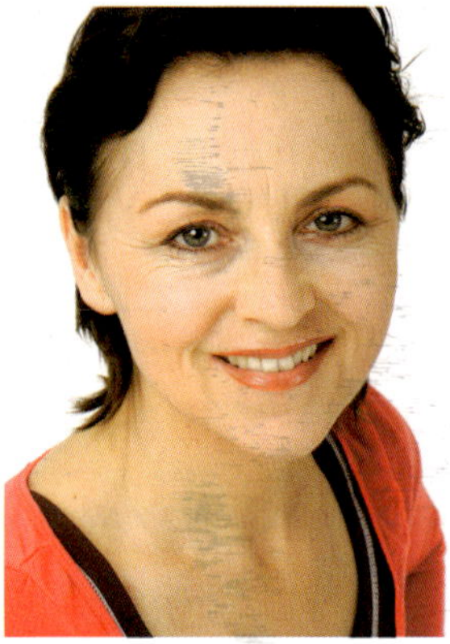

Sonja Söder

Peter Schlösser

Zu diesem Buch 6

1. WOYO 8

1.1 WOYO – Was ist das? 10

1.2 Ist WOYO etwas für mich? 11

1.3 WOYO und Yoga 13

1.4 Hinweise zum WOYO-Training 14

2. Das WOYO-Training 23

2.1 Training für Beine und Füße 25

Dehnung der Füße – Übung 1 26
Dehnung der Füße – Übung 2 27
Dehnung der Beinrückseite 1 28
Dehnung der Beinrückseite 2 29
Dehnung der Beinrückseite 3 30
Dehnung der Beinrückseite 4 31
Die Ausführung im Yoga 32
Dehnung der Beinaußenseite 1 33
Dehnung der Beinaußenseite 2 34
Dehnung der Beininnenseite 35

2.2 WOYO-Training für Hände, Arme und Schultern 38

Dehnung der Handgelenke mit Außenrotation der Arme und Schultergelenke 39
Dehnung der Handgelenke mit Innenrotation der Arme und Schultern 40
Intensivere Dehnung der Handgelenke 41
Dehnung und Mobilisation der Handgelenke, Unterarme, Oberarme, Schultern 42
Mobilisation und Kräftigung für Oberkörper, Schultern und Arme 43
Kräftigung der Armrückseiten und Schultern 44
Kräftigung der Arme und Schultern 46

Oberkörperstreckung – Schultertraining – Balance 47
Dehnung für Schultern und Armstrecker 48
Kombination der Schulter- und Handgelenkdehnung 50

2.3 WOYO-Training für Rücken, Rumpf und Becken 54
Beckenheben 54
Rumpf- und Beinkräftigung 1 56
Rumpf- und Beinkräftigung 2 57
Brustkorböffnung 59
Vorbereitung für Drehhaltungen im Liegen 61
Vorbereitung für Drehhaltungen im Stehen 63
Bauchmuskulatur 1 64
Bauchmuskulatur 2 65
Bauchmuskulatur 3 66
Training für die Taille 1 67
Training für die Taille 2 69
Training für Rückbeugen 1 70
Training für Rückbeugen 2 72

3. WOYO-Endhaltungen 76

3.1 Sitzhaltungen 84
Schneidersitz 84
Stabsitz 86
Winkelsitz 88
Heldensitz 90
Einseitiger Winkelsitz 93
Sitz mit Blick nach vorne 95
Der Reiher 98

3.2 Stehhaltungen 102
Berghaltung 104
Krieger 1 106
Krieger 2 110
Krieger 3 112
Imaginärer Stuhl 114
Dreieckshaltung 116
Gestreckter seitlicher Winkel 119
Flankenstrecker 121
Baum 124

3.3 Vorwärtsbeugen 128
Der Hund, der nach unten schaut 128
Stehende Vorwärtsbeuge 132
Das Boot – sanfte Ausführung 135

3.4 Rückwärtsbeugungen 138
Heuschrecke 140
Schlange – Kobra 144
Rumpfstrecker auf allen Vieren 146
Sanfte Rückbeuge 150
Sanfter Bogen 152
Der Hund, der nach oben schaut 155

3.5 Drehhaltungen 158
Sitz mit Blick nach hinten 160
Einseitiger Winkelsitz – gedreht 162
Umgedrehte Winkelstellung 164
Gedrehte Dreieckshaltung 166

3.6 Umkehrhaltungen 168
Einfache Umkehrhaltung 170
Vorbereitung Schulterstand 172
Vorbereitung Unterarmstand 176
Vorbereitung Kopfstand 180

4. Entspannung 186
Grundposition für die Schlussentspannung 188
Innere Ruhe und Gelassenheit verspüren 190

Anhang 192

Zu diesem Buch

Dieses Buch soll Sie zur Arbeit einladen.
Zur Arbeit?
Wenn Sie bisher wenig Berührung mit Yoga hatten, dann erwarten Sie vielleicht eher Themen wie »Entspannung – Meditation – Ruhe – Ausgleich – Spiritualität«. Aber WOYO steht für die Stufe davor – und das heißt Arbeit – Körperarbeit um genau zu sein.
Rund 18 Jahre lang war ich als Personalmanager für den Bereich Group-Fitness bei einer großen Fitness-Kette tätig, immer auf der Suche nach neuen Trends für Körper, Geist und Seele. Teilweise waren es sehr beeindruckende und über mehrere Jahre erfolgreiche Sportarten, die sich durchsetzen konnten; manchmal waren es auch nur »Eintagsfliegen«, die sich gerade eine Saison gehalten haben. Das Interesse an bewusster Körperarbeit wuchs durch den in den USA ausgelösten Yogaboom jedoch stetig. Es gab kaum eine Zeitschrift, die sich nicht dem Thema Yoga widmete und von der sagenhaften Wirkung, die sich auf Körper, Geist und Seele auswirken sollte, berichtete.
Ich stand somit in meiner Aufgabe als Verantwortliche für den Bereich Körperarbeit vor der Herausforderung, ein ganzheitliches Konzept für die anspruchsvollen und fitnessorientierten Kunden zu entwickeln. Gleich einem Trendscout begann ich mit der Suche nach einem ansprechenden und umsetzbaren Yogaprogramm.
Das führte zu einer wahren Odyssee durch viele Yogaschulen unterschiedlichster Prägung, Seminare, Fortbildungen sowie Reisen in ferne Länder. Ich muss zugeben, es war viel Zeit, die ich für dieses Entdecken aufbringen musste, und vieles davon hätte ich mir vom ersten Ansehen ersparen können. Aber für eine fundierte Beurteilung musste ich alles am eigenen Körper erfahren und dann entscheiden, was ich den Kunden für ihre erste Begegnung mit Yoga zumuten konnte.
In den Anfängen habe ich meine Erfahrung als Rückenschulleiterin mit einfließen lassen, sowie den Yogastil von B. K. S. Iyengar, den ich bis heute sehr schätze. Aus diesen beiden Bereichen heraus, konnte ich mich entwickeln und gleichzeitig bei meinen Schülern erstaunliche Erfolge und große Freunde an der Bewegung beobachten.
WOYO zeigt, dass es möglich ist, mit moderatem Aufwand fit, kraftvoll und gesund zu bleiben. Dabei kann man nebenbei schlechte Gewohnheiten reduzieren oder ganz einschränken wie zum Beispiel Bewegungsmangel, Rauchen, ungesunde Ernährung, Alkoholkonsum etc.

So ist das Grundkonzept eines modernen Yogatrainings entstanden.
Jeder von uns hat eine völlig individuelle Anatomie. Diese wurde durch unsere Veranlagung und besonders durch langjährige Bewegungsmuster im Alltag geprägt. WOYO nimmt deshalb Rücksicht auf jeden Einzelnen, seine individuellen Fähig- und Möglichkeiten. Es ermöglicht mentale und physische Weiterentwicklung und Besserung im Rahmen von Gruppentraining ohne konkurrierendes Üben. WOYO ist ideal für Anfänger und trainierte Teilnehmer und für alle, die eine Ergänzung zu anderen Sportarten suchen, die die Flexibilität und geistig-körperliche Fitness stärken wollen.

Die meisten Bücher über Yoga beschränken sich in der Regel darauf, Bilder über statische Endhaltungen von Asanas (Stellungen) im Yoga wiederzugeben. Ungenügend sind dagegen meistens Angaben wie man sich auf diese neue Form der Körperarbeit vorbereitet. Auch die Beschreibungen des Aufbaus, möglicher Variationen sowie Hinweise bei körperlichen Einschränkungen sind oft nur unzureichend.
Die Grundidee dieses Übungs-Buches ist es daher, nicht nur eine schön anzuschauende Bildersammlung zu veröffentlichen, sondern diese auch für jeden Menschen verständlich und praktikabel zu beschreiben.
In diesem Sinne wünsche ich Ihnen viel Spaß und Erfolg mit dieser besonderen »Körper-Arbeit«.

Sonja Söder, im März 2006

1 WOYO

Seit Jahren
plagen mich Schmerzen im unteren Rücken.
Ich habe bisher sehr viel ausprobiert und verschiedenste Therapieformen
angewendet. Leider gab es keine zufrieden stellende Therapie,
mit der ich mich über einen längeren Zeitraum besser gefühlt hätte.
Meine Physiotherapeutin empfahl mir eines Tages WOYO.

Ich dachte »Was für ein interessanter Name ...« und war sehr gespannt,
was mich dabei erwarten würde. In der ersten Stunde war ich positiv
überrascht und wusste: Jetzt kann es nur besser werden.
Meine Beinrückseiten fühlten sich länger an, es entstand
ein sehr weites Gefühl in meinem Rücken und
die Entspannung nach den Übungen war ein Genuss.
Ich kann nur jedem, der schon über einen längeren Zeitraum
Rückenprobleme verspürt, empfehlen,
mit dem WOYO-Training
zu beginnen.

Gräfin Charlotte von Bismarck

1.1 WOYO – Was ist das?

Der **Name** WOYO ist eine Kombination aus Workout und Yoga. WOYO bildet eine Brücke zwischen traditioneller (Yoga) und moderner Körperarbeit (Workout). Sie als Teilnehmer bestimmen den Weg, den Sie gehen möchten selber: sei es, um später traditionelle Yoga-Richtungen zu praktizieren oder um gelenkiger, dehnbarer und kräftiger für andere Sportarten zu werden. WOYO kann aber genauso gut alleine als körperliches Komplett-Training zur aeroben und körperlichen Fitness angewendet werden.

WOYO verbindet alle Elemente (Beweglichkeit, Muskelkraftentwicklung, Herzkreislauftraining) eines modernen Fitnesstrainings. Dazu ist es nicht notwendig ein Fitnesscenter zu besuchen, da die Übungen sehr gut leicht zuhause durchgeführt werden können. Zusätzlich bedient sich WOYO der entspannten und konkurrenzfreien Atmosphäre eines Yoga-Trainings, allerdings ohne dessen spezielle Eigenarten (Singen, Räucherstäbchen, Guru etc.).

WOYO trainiert vor allem die Tiefenmuskulatur, Balance, Gelenkigkeit und die Atmung, Aspekte die im regulären Workout oft vergessen werden. Es beruht auf neuesten physiologischen Erkenntnissen und mutet dem Körper keine Bewegungsabläufe und Haltungen zu, zu denen wir auf Grund unseres momentanen körperlichen Befindens nicht in der Lage sind.

WOYO hilft den Teilnehmern ihren Körper richtig einzuschätzen und durch gezieltes Üben Geschmeidigkeit, Haltung, Spannkraft, gesunde und tiefe Atmung und ein angenehmes Körpergefühl (wieder) zu erhalten und zu bewahren.

WOYO ist daher ein Sport für Körper und Geist und erhöht die Lebensqualität in jedem Alter, unabhängig von den körperlichen Einschränkungen und Voraussetzungen, die uns unser bisheriger Lebensweg gebracht hat.

Immer mehr Ärzte, Physiotherapeuten, Krankengymnasten, Heilpraktiker und sonstige Therapeuten mit Ausrichtung Osteopathie, die WOYO kennen lernen, empfehlen dieses Training ihren Patienten und Kunden als weiterführendes bzw. ergänzendes Training, oder einfach als präventive Maßnahme zur Gesunderhaltung des Körpers.

Auf der Suche
nach Entspannung, Ruhe und Zufriedenheit
für Körper und Geist, als Ausgleich zu dem mich fordernden Beruf als Arzt
und Sportmediziner habe ich in WOYO für mich den idealen Übergang von meinem
Kraft-Ausdauer-Gerätetraining zu mehr Flexibilität
und Geschmeidigkeit im Leben gefunden.
Die Hoffnung, meinen Patienten mit der Empfehlung WOYO helfen zu können,
hat sich in vielen Fällen bestätigt und mir gezeigt, diesen Weg
weiter zu gehen.

Dr. med. Wolf-Dieter Lessl
Sportmedizin, Chirotherapie

1.2 Ist WOYO etwas für mich?

Diese Frage beantworten wir eindeutig mit **JA**. Egal ob Sie **jung** oder **alt, weiblich, männlich, fit** oder eingerostet und **steif** sind. Oder aber – um es mit anderen Worten zu sagen – eine typische Zielgruppe wie bei den meisten anderen Sportarten gibt es nicht!

WOYO nimmt auf Ihre momentane körperliche Verfassung Rücksicht und holt Sie (körperlich und geistig) dort ab, wo Sie sich in diesem Moment befinden. Intensität und Frequenz der einzelnen Übungen bestimmen Sie dabei allein.

Wenn Sie sich außerdem besser fühlen und auch anfühlen wollen, sich nach einer besseren Haltung sehnen, geistige und körperliche Blockaden lösen möchten und gleichzeitig ohne Konkurrenz trainieren wollen, dann ist WOYO etwas für Sie, egal ob Sie 20 oder 70 Jahre alt sind!

Dabei ist WOYO so **anstrengend** wie Sie es wollen, aber niemals schmerzhaft, liefert Energie und ist gleichzeitig entspannend, macht geschmeidiger, kräftiger und **schöner**, da Körper und Geist wieder in Einklang kommen.

Die Übungen, die wir im WOYO-Training anbieten (siehe Kapitel 2, Seite 23), sind vom ersten Moment an für jeden praktikabel. Sie lernen sehr schnell die Möglichkeiten aber auch die momentane Begrenztheit Ihres Körpers zu erkennen, anzunehmen und diese im Verlauf des Trainings zu verändern. So werden Sie Ihr eigener Beobachter und Lehrer zugleich.

Wichtig ist, dass Sie mit den WOYO-Vorbereitungsübungen und nicht mit den Endhaltungen beginnen. Wenn Sie einmal eine Fremdsprache erlernt haben, dann erinnern Sie sich vielleicht noch: zuerst benötigen Sie das Vokabular und andere Grundlagen, bevor mit der Konversation beginnen! Begeben Sie sich also auf den Weg, entsprechend Ihres Alters und Ihres körperlichen Vermögens.

Das WOYO-Training hilft Ihnen dabei, sich Ihres eigenen Körpers **bewusster** zu werden. Dieses Bewusstsein wird im Laufe des Trainings klarer und stärker. Ausschlaggebend ist, was Sie, Ihr Körper leisten kann und will, was Ihr persönliches Ziel ist und der Weg dorthin. Deshalb ist WOYO ein körperliches und mentales Training, geeignet für jeden, der etwas für sein Wohlbefinden, sein Aussehen und seine Beweglichkeit tun möchte!

> **WOYO und andere Sportarten**
>
> **WOYO ist besonders gut als Ergänzung zu vielen Ausdauersportarten, wie z.B. Laufen, Ballsportarten, Radfahren, Golf, Tanzen, Leichtathletik, Tennis und Schwimmen geeignet. Auch für sehr kraftbetonte Sportdisziplinen wie Krafttraining und Gewichtheben ist WOYO ein ideales Zusatztraining um die physische und mentale Ausgeglichenheit zu fördern.**

WOYO und Handicaps

Alter – wie immer Sie selber dieses definieren – und **körperliche Einschränkungen** sind Realitäten, aber sie sind kein Hindernis, um mit WOYO zu beginnen! Überlegen Sie einmal, wie oft uns Menschen begegnen, die mit 20 Jahren schon wie 50 wirken oder auch ältere Menschen, die wir leicht 10 bis 15 Jahre jünger schätzen würden, als es ihr Geburtsdatum verrät?

Für WOYO ist es wichtig, dass Sie sich richtig einschätzen. Damit meinen wir nicht, wie alt Sie, sondern Ihr Körper und Ihr Geist sind, also Ihr biologisches Alter. Dieses ist Ihr individueller Ausgangspunkt. Da Sie alleine sind und für sich üben, müssen Sie nicht heucheln oder sich jünger und stärker geben, als Sie es im Moment wirklich sind!

Das gilt auch für körperliche Einschränkungen, die es bei 16 Jährigen genauso gibt, wie bei 60 Jährigen, bei Bodybuildern genauso wie bei Tänzern. Zu diesen Einschränkungen gehören unter anderem:

- **Verletzungen** und **Traumata**
- **Krankheiten** wie Arthrose, Arthritis, Osteoporose, Rheuma etc.

- **Haltungsprobleme**, z.B. weil Sie Tag ein, Tag aus am Computer oder stundenlang im Auto sitzen, weil Sie im Stehen arbeiten, weil Sie beim Gehen immer vor sich auf den Boden blicken, weil Ihre Arbeitsfläche in der Küche zu niedrig ist, weil Ihre Muskulatur und Sehnenansätze verkürzt sind, aber auch, weil Sie immer die Schultern hochziehen, weil Sie ständig die Zähne aufeinander beißen oder nur auf »den Zehenspitzen« (dem vorderen Teil des Fußes) gehen usw.

Betrachtet man es neutral, gibt es heute nahezu niemanden, der ohne physische oder psychische Einschränkungen ist. Wenn wir dies erkennen und dies ändern wollen, und uns so wie wir sind, nicht mehr wohl fühlen, dann ist **WOYO**-Training mit den zur Verfügung stehenden Hilfsmitteln für **alle** ein sinnvoller und wunderbarer Weg.

WOYO als weiterführende Maßnahme nach Rehabilitationsmaßnahmen

Infolge von Verletzungen und Verschleißerscheinungen des Bewegungsapparates (Bandscheibenprolaps, -protrusion, Halswirbelsyndrom, Knieoperationen, Bänderoperationen, etc.) werden von den Ärzten bestimmte Rehabilitationsmaßnahmen verordnet. Diese dienen aber meist nur für die grobe Wiederherstellung der betroffenen Funktionen. Für eine vollkommene Regeneration muss der Patient also in Eigeninitiative sorgen. WOYO eignet sich besonders gut als Fortführung des Trainings im Anschluss an Rehabilitationsmaßnahmen.

2.2 WOYO während der Schwangerschaft

Sie sind schwanger und möchten dennoch trainieren? Besprechen Sie auf jeden Fall vorher mit Ihrer Ärztin/Arzt oder Ihrer Hebamme, ob Sie auch während der Schwangerschaft trainieren dürfen. Falls ja, ist WOYO-Training für Sie in jedem Fall von Nutzen. Es schenkt Ihnen Kraft, Entspannung, und durch gezieltes Dehnen mehr Raum für Ihr Baby. Ihre Atmung wird bewusster und Sie können sie gezielt zur Verringerung von körperlichen Beschwerden oder störenden Emotionen einsetzten.

Dabei ist es unwichtig, ob Sie bereits vor Ihrer Schwangerschaft mit WOYO begonnen haben oder nicht.

Achten Sie bitte darauf, dass Sie immer nur einen Bereich des Körpers dehnen oder kräftigen.

Atmen Sie bewusst und möglichst tief und regelmäßig. Bei jeder Ausatmung entspannen Sie den Beckenboden, beim Einatmen dagegen spannen Sie die Beckenbodenmuskeln (Anus und Blase) fest an. Beim Strecken und den Atemübungen immer darauf achten, dass Sie Ihre Wirbelsäule lang ziehen. Lassen Sie Ihre Gesichtsmuskeln entspannt, dazu öffnen Sie Ihren Mund leicht, atmen aber weiterhin durch die Nase ein und aus!

Die Arme sollten Sie weder im Liegen, Sitzen noch im Stehen länger als fünf bis zehn Atemzüge über den Kopf halten. Sollten Sie Bluthochdruck haben, vermeiden Sie diese Übungen völlig!

Versuchen Sie am Anfang der Übungen die Anspannung im unteren Rücken aufzulösen. Da Sie wahrscheinlich nicht lange auf dem Rücken liegen können, versuchen Sie als Alternative in Seitenlage zu trainieren. Wechseln Sie dabei regelmäßig die Seite!

Nutzen Sie die Hilfsmittel wie Decke, Kissen etc. großzügig, sie sollen Sie unterstützen. Es ist daher ratsam, sich vor dem Beginn des Trainings alle Hilfsmittel in greifbarer Nähe bereit zu legen!

Und vor allem: vergessen Sie nicht die Übungen für Ihre Beine und Füße, aktivieren Sie besonders die Fußgewölbe. Diese Übungen können Sie im Stehen, Sitzen oder auch im Liegen ausführen (Kapitel 2.1 Seite 25)!

Beachten Sie auch die Hinweise für Schwangere bei den einzelnen Übungen im Trainingsteil!

1.3 WOYO und Yoga

In einer Yoga-Klasse geht man davon aus, dass Sie als Übender Ihren Körper genau kennen und Sie ein ausgeprägtes Körperbewusstsein haben. Nur dann können Sie die im Yoga praktizierten Endhaltungen problem- und gefahrlos für Ihren Körper ausführen und die Haltungen zum eigenen Wohlbefinden üben. Wenn Sie aber ehrlich zu sich sind, haben Sie dieses Körperbewusstsein nicht und wissen auch nicht wirklich, was Sie Ihrem Körper zumuten dürfen und was nicht. (Meistens weiß man das erst nach einer Yoga-Stunde... und dann tut es bereits weh!)

Außerdem sind die Haltungen (Asanas) für Sie oft befremdend und aufgrund körperlicher Einschränkungen nicht umsetzbar. Vor allem, wenn Sie sich nach langem Nichtstun dazu entschlossen haben, etwas für sich, Ihren Körper tun zu wollen.

Yoga-Neulinge wissen eben meist nicht oder sie unterschätzen, wie ausdauernd, dehnbar und kräftig man ab der ersten Minute für ein Yoga-Training sein muss!

Wir empfehlen deshalb WOYO, denn glücklicherweise kann man Körperverständnis wieder in sich wach rufen bzw. wieder neu erlernen, entdecken. Außerdem lassen sich Kraft und Dehnbarkeit, von jedem Ausgangspunkt angefangen, wieder neu trainieren. Wir sprechen übrigens im WOYO lieber von Körperverständnis, da wir es als eine Grundlage für unser Körperbewusstsein erfahren.

Im WOYO-Training beginnen Sie systematisch mit einfachen und leichten Übungen, die aufeinander aufbauen, ineinander greifen und sich ergänzen. WOYO wird so zu einer behutsamen, effektiven und leicht zu verstehende Einführung in die Welt des Yoga. Hier treffen Yoga-Asanas harmonisch mit modernen Trainingsprinzipien zusammen. Das WOYO-Training benutzt dafür Hilfsmittel (Ball, Sandsack, Gurt, Kissen etc.), um auf Ihre Bedürfnisse, bedingt durch körperliche Einschränkungen und Unsicherheiten, individuell Rücksicht zu nehmen. Schritt für Schritt lernen Sie im Verlauf des Trainings die vielen kleinen Erfolge, manchmal auch Misserfolge zu deuten. Dadurch entwickeln Sie nach und nach Ihr individuelles Körperverständnis. Es beruht auf Ihrer eigenen Erfahrung und Ihrem eigenem Ausprobieren. Somit ist der wichtigste Schritt getan: Sie werden Ihr eigener Lehrer auf Ihrem Weg zum individuellen Köperverständnis.

Was bringt WOYO für YOGA?

WOYO ist eine ideale Vorbereitung für verschiedene Yoga-Stile wie Yoga nach B.K.S. Iyengar, Shivananda, Jivamukti oder Ashtanga. (Anmerkung für den Fall, dass Sie den allgemein bekannten Begriff »Hatha Yoga« vermissen: All die genannten Yoga-Stile fallen unter den Oberbegriff »Hatha Yoga«).
Aber auch wenn Sie schon Yoga praktizieren, bietet WOYO durch die Kombination von Kraft, Flexibilität und die Koordination der Übungen ein oftmals neues und vertieftes Verständnis für die Durchführung der einzelnen Asanas.

Ich empfehle WOYO, weil es immer von einfachen zu komplexeren Übungen führt. Durch die schrittweise Belastungssteigerung und das sinnvolle Integrieren von Hilfsmitteln kann jeder – unabhängig von Alter oder Trainingszustand – auf seinem Level ohne gesundheitliche Risiken WOYO üben. Dabei wird sehr effektiv die Bewegungswahrnehmung geschult, die Muskulatur trainiert, das Bindegewebe gestärkt und die Durchblutung verbessert, was sich nachhaltig positiv auf Gesundheit und Wohlbefinden auswirkt. Aus diesem Grund bin auch ich regelmäßig in WOYO-Stunden.

Dr. med. Gunnar Spohr
Dozent für Anatomie, Universität München, Osteopathie

1.4 Hinweise zum WOYO-Training

Wenn Sie zu den Menschen gehören, die immer gleich mit der praktischen Umsetzung beginnen möchten, dann ist das WOYO-Training genau das Richtige für Sie!

Vielleicht haben Sie sogar die einführenden Seiten überschlagen, weil Sie gleich beginnen wollen? Spätestens hier sollten Sie aber im eigenen Interesse inne halten und die folgenden wichtigen Hinweise beachten!

Hilfsmittel

Wie Sie schon erfahren haben, setzen wir für WOYO bestimmte Hilfsmittel ein, wie sie teilweise auch im Yoga benutzt werden. Im Anhang auf Seite 192 finden Sie die Adresse eines Herstellers für dieses Zubehör. Ersatzweise kann man für viele Übungen auch andere Gegenstände einsetzen, die in Ihrem Haushalt sicherlich vorhanden sind.

- Zum Sitzen oder als weiche Unterlage: Kissen, Polster oder eine zusammengelegte Decke,
- als Alternative zu den Blöcken: ein dickes, griffiges Buch oder eine Kaffee-Packung
- und als Ersatz zum Gurt: ein großer Gürtel oder auch ein langer Koffergurt.

Auf alle Fälle benötigen Sie jedoch eine gute Unterlage. Sie sollte rutschfest sein, denn für die meisten Übungen ist dies sehr wichtig. Für eine gute, sichere Matte, wie sie auch im Yoga benutzt wird, gibt es keinen Ersatz!

Das ideale Übungszubehör für WOYO

- **Rutschfeste Yoga-Matte**
- **Gurt – Länge mindestens 2,50 m lang. Der Gurt ist durch eine Schiebeschnalle verstellbar**
- **Stabile Blöcke, idealerweise aus Naturkork (auch in Holz oder Kunststoff erhältlich)**
- **Weicher, aufblasbarer Ball, Durchmesser ca. 20 cm. Der Ball kann durch aufblasen, bzw. herauslassen von Luft in verschiedene Größen eingestellt werden**

Bekleidung

Bequeme Sportkleidung ist völlig ausreichend. Wenn Sie die Ausführung Ihrer Übungen kontrollieren wollen, sollte die Kleidung relativ eng anliegen und die wichtigen Gelenke (z.B. für die Stehübungen die Fuß- und Kniegelenke) frei sichtbar sein. Erst das genaue Beobachten der Gelenke ermöglicht Ihnen die präzise Ausrichtung des Körpers. Das bedeutet natürlich auch, dass Sie barfuß trainieren!

Körperliche Verfassung

Zu Beginn Ihres Trainings empfehlen wir Ihnen eine kurze Besinnungspause, vor allem nach einem langen und anstrengenden Arbeitstag. Auch sollte Ihre letzte Mahlzeit schon etwas länger zurückliegen, da ein voller Magen beim Training hinderlich und unangenehm ist. Wenn Sie am Vormittag oder direkt nach dem Aufstehen üben wollen, beginnen sie die Übungen sanfter und leichter, als wenn Sie schon den ganzen Tag auf den Beinen waren.

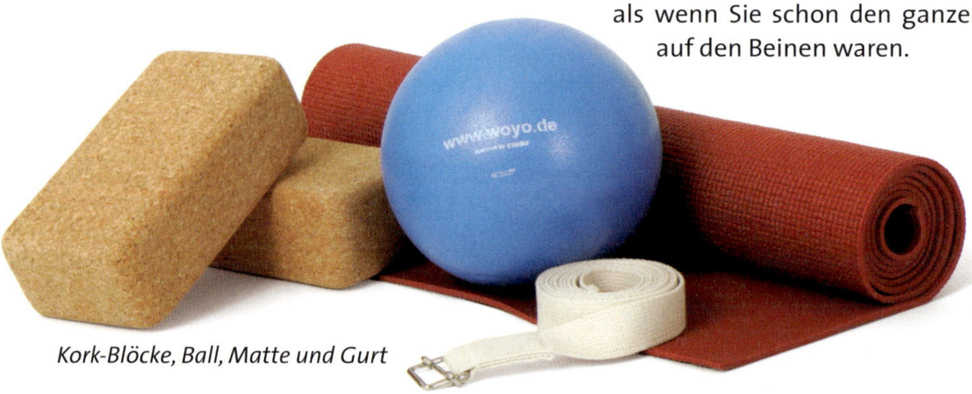

Kork-Blöcke, Ball, Matte und Gurt

Seelische/Mentale Verfassung
WOYO können Sie immer üben! Besonders wenn Ihre mentale oder psychische Verfassung nicht besonders gut ist, Sie nicht abschalten können. Durch die Konzentration auf die Übungen werden Sie leichter loslassen und sich Ihre Gedanken beruhigen. Im Gegensatz zu vielen nur ablenkenden Tätigkeiten wie z.B. fernsehen, tut man beim WOYO-Training etwas wirklich Sinnvolles und fühlt sich hinterher eindeutig entspannter und erholter.

Umgebung
Schaffen Sie eine angenehme Atmosphäre. Suchen Sie sich einen schönen, hellen und gut belüfteten Bereich in Ihrer Wohnung. Dort sollten Sie sich behaglich und wohl fühlen können und genug Platz für Ihre Matte und die Durchführung der Übungen haben.

Dauer und Anzahl der Übungen
Sie bestimmen die Dauer oder Wiederholungen der Übungen selber! Vielleicht benötigen Sie zu Beginn noch Anleitung, mit der Zeit jedoch werden Sie in der Lage sein, die für Sie richtige Dauer oder angemessene Anzahl der Übungen zu wählen.

Als Anfänger sollten Sie bei den Dehnübungen ungefähr fünf bis zehn ruhige und tiefe Atemzügen in der Dehnposition bleiben. Mit fortschreitender Übungspraxis können Sie dann bis zu 25 Atemzüge in der Position verweilen.

Bei Übungen mit Seitenwechsel (z.B. Dehnungsübungen für die Beine) sollten die Dehnungszeiten auf beiden Seiten in etwa gleich lang sein. Sie können sich dazu angewöhnen, mit einer Uhr zu üben (Minuten-Anzeige) oder aber besser durch Zählen der Atemzüge beide Seiten gleich lange dehnen.

Bei Kraftübungen sollen die Übungen auch anstrengend sein, aber Sie sollten diese nicht bis zur völligen Erschöpfung ausführen. Mit der Zeit und mit Zunahme Ihrer Kraft können Sie die Übungen natürlich intensiver oder länger ausführen. Finden Sie ein gesundes Mittelmaß! Geben Sie sich, Ihrem Körper und Geist Zeit, sich zu verändern und zu entwickeln.

Nachspüren
Dieses Wort wird bei der Beschreibung der verschiedenen Übungen öfters erscheinen. Damit ist eine kurze Pause gemeint, um nach einer intensiven Übung oder Haltung die Wirkung der Übung »nachzuspüren«. Es ist also bei WOYO nicht einfach damit getan, eine Übung nach der anderen zu machen, sondern es soll auch das Bewusstsein gefördert werden, den Körper mehr und mehr in der Tiefe zu spüren.

Vergleichen
Andere Menschen haben andere Körper, andere Voraussetzungen und Möglichkeiten. Vergleichen hilft Ihnen wenig, denn ein Vergleich hinkt immer. Jeder Mensch hat besondere Voraussetzungen und Veranlagungen. Sie, Ihr Körper und Ihre geistige Verfassung sind das Ergebnis Ihres individuellen Lebens.
Seien Sie beim Training deshalb nicht zu ehrgeizig. Versuchen Sie in allen Bereichen auf einen langfristigen Erfolg und dauernde Veränderungen hin zu arbeiten. Dies wird Ihnen gelingen, wenn Sie regelmäßig und moderat üben. Setzen Sie sich realistische Ziele und versuchen Sie in kleinen Schritten zu Ihrem individuellen Erfolg zu kommen!

WOYO-Wortschatz für Ihren Körper

Dies ist ein Buch für die Praxis. Deshalb beschreiben wir die Übungen möglichst kurz und einfach. Natürlich sollen Sie die Bewegungen und Haltungen korrekt ausführen. Dafür ist Präzision bei der Ausführung notwendig. Um sicher zu sein, dass Sie und wir die WOYO-typischen Bezeichnungen gleichbedeutend nutzen, stellen wir sie hier im Zusammenhang vor.

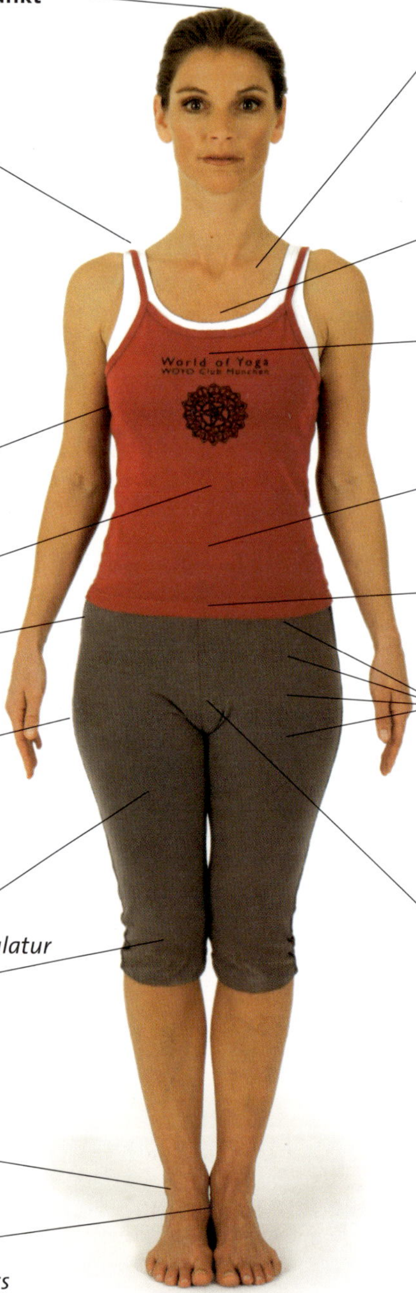

Kopfkrone oder Scheitelpunkt
höchster Punkt auf der Schädeldecke

Schulterspitzen
nicht verwechseln mit Schulterblattspitzen

Rippenbögen
Außenrippenbereich des Brustkorbs

Zwerchfell

Hüftknochen
vorne fühlbarer Teil des Beckens

Rollhügel
seitliche Ausbuchtung des Oberschenkelknochens

Oberschenkelstrecker
Vordere Oberschenkelmuskulatur

Kniescheibe
Vordere »Abdeckplatte« des Kniegelenks

Außenknöchel
Außenseite des Sprunggelenks

Innenknöchel
Innenseite des Sprunggelenks

Schlüsselbein
Spür- und sichtbare, waagerecht verlaufende Knochen. Sie verlaufen rechts und links vom oberen Brustbein nach außen zu den Schultergelenken

Dekolltee
Bereich um den oberen Teil des Brustbeins

Brustbein
Knöcherne Verbindung der vorderen Rippen am Brustkorb.

Oberbauch
Der Bauchbereich oberhalb des Bauchnabels

Unterbauch
Der Bauchbereich zwischen Bauchnabel und Schambein

Hüftbeugermuskel
Wichtiger, starker Muskel, der Oberschenkelknochen mit der Wirbelsäule verbindet und maßgeblich für das Anziehen des Oberschenkels gegenüber dem Becken verantwortlich ist

Schambein
Knöchernde Verbindung der Beckenhälften im Unterbauch

Yogis und Asanas

Yoga-Übende werden auch als Yogis (männlich) oder Yoginis (weiblich) bezeichnet. Die traditionellen Yoga-Übungen werden Asanas genannt. Es gibt zwar unzählig viele Asanas, aber in der Yoga-Praxis wird hauptsächlich ein allgemein bekanntes Repertoire an Übungen durchgeführt.

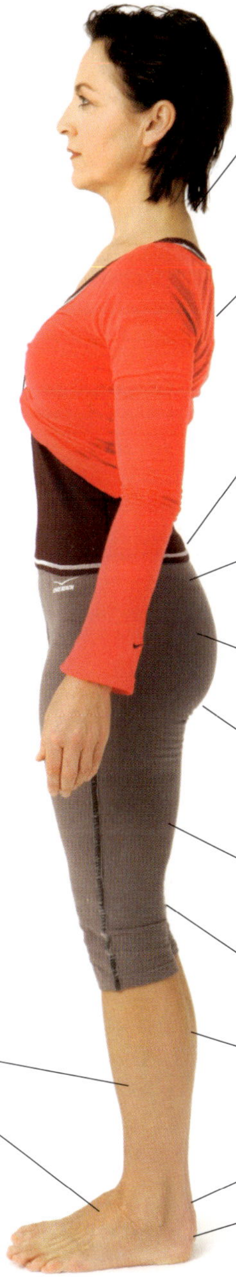

Halswirbelsäule (HWS)
besteht aus sieben Halswirbeln. Die beiden obersten heißen Atlas und Axis. Die Halswirbelsäule ist sehr beweglich und ermöglicht Bewegungen des Kopfs in alle Richtungen

Brustwirbelsäule (BWS)
besteht aus 12 Brustwirbeln.
Die natürliche Brustwirbelsäule wölbt sich leicht aus dem Körper heraus (Kyphose)

Lendenwirbelsäule
besteht aus 5 Lendenwirbeln.
Die natürliche Lendenwirbelsäule wölbt sich leicht nach innen in den Körper (Lordose) – dies wird auch »natürliches« oder »physiologisches« Hohlkreuz benannt.

Kreuzbein
Keilförmiger Knochen der die Wirbelsäule mit dem Becken verbindet. Nach unten schließt sich das Steißbein an. Die Gelenkverbindung zwischen Kreuzbein und Becken wird Kreuz-Darmbein-Gelenk genannt

Großer Gesäßmuskel
Der große Gesäßmuskel deckt das gesamte hintere Becken ab.

Kleiner u. mittlerer Gesäßmuskel
Der kleine und mittlere Gesäßmuskel ist seitlich am Becken angelegt

Muskulatur der Beinrückseite
Hier befindet sich auch die Muskulatur der Beinbeuger – sie beugen das Bein bei Anspannung

Kniekehle

Wadenmuskulatur

Achillessehne

Fersenspitze

Schienbein

Fußspann

Sanskrit

Sanskrit ist eine altindische Literatur und Gelehrtensprache. Sie gehört zu den 22 offiziellen Sprachen Indiens. Das Sanskrit hat seine Wurzeln unter anderem in der Indo-Europäischen Sprache und wird noch heute im Hinduismus als zeremonielle Sprache für Mantras und Hymnen benutzt. Auch im Yoga spielt Sanskrit eine wichtige Rolle, da alle Begriffe den Yoga Sutras des Patanjali entnommen sind.
Im WOYO beschränken wir uns auf wenigen Namen für die Endhaltungen (siehe Kapitel 3, Seite 76), die im Training eine Rolle spielen und die es so auch im Yoga gibt. Wir arbeiten mit den deutschen Entsprechungen der Sanskritnamen, aber nennen Ihnen auch die im Yoga gebräuchlichen dazu. Sollte die deutsche Aussprache dem Sanskrit nicht entsprechen, geben wir Ihnen ebenfalls einen Hinweis zur phonetischen Aussprache (Beispiel Seite 121): Flankenstrecker (Sanskrit = Parshvottanasana, gesprochen: parschwottanasana).

WOYO-Atmung

Der Atem als Spiegel von Körper und Seele variiert je nachdem wie intensiv wir uns körperlich betätigen. Aber auch Angst oder Stress haben Einfluss auf unsere Atmung. Denken Sie einmal an unsere Sprache und die vielen Verwendungen, die mit dem Wort Atem und damit mit unserer Verfassung zu tun haben: kurzatmig, atemlos oder sogar atemberaubend sein, erst einmal Atem holen müssen, den Atem anhalten usw.

Erinnern Sie sich daran, wie wunderbar es ist, an einem frühen Morgen in den Bergen, am Meer oder im Wald tief Luft zu holen. Der Körper belebt sich, man fühlt sich aktiviert und frisch. Bei mehr als 90% aller Menschen kann man übrigens die Gemütsverfassung und den Geisteszustand direkt über die Beeinflussung des Atmens gezielt verändern.

Wer gesund isst, sich ausreichend bewegt und keine großen Sorgen und Ängste hat, atmet in der Regel tief und ungestört. Die Einatmung versorgt uns mit Sauerstoff, die Ausatmung entsorgt unseren Körper von Stoffwechselschlacken in Form von Kohlendioxid. Atmen ist existenziell, Atemnot bereitet Todesangst, Atemstillstand bedeutet Tod. Gesunder, tiefer, ausgeglichener Atem dagegen bedeutet Leben, Wohlbefinden und positive Lebensenergie.

Wenn wir uns seelisch und geistig verspannen, unter großem Stress stehen, uns ausgebrannt und leer fühlen, blockieren wir die Lebensenergie. Diese Blockierung befindet sich dann genau dort, wo unser Körper auf unseren Geisteszustand reagiert. Das kann bei dem einen der Rückenbereich, bei anderen der Magen oder auch das Herz sein. Blockierungen sorgen dafür, dass uns die Luft ausgeht, wir verschnupft sind und atemlos. Dieser Zustand ist für Körper und Geist gleichermaßen gefährlich!

Das WOYO-Training führt gezielt zu langer, tiefer und fließender Atmung. Aber so leicht wie es sich anhört, so schwierig ist dies auch. Als Ziel setzen wir uns die Ein- und Ausatmung allein durch die Nase. Wenn Sie das Bewusstsein für eine entspannte und wirkungsvolle nasale Atmung erreicht haben, sind Sie auf dem Weg zu einem klaren und ruhigen Geist und besserem Wohlbefinden ein großes Stück weiter gekommen.

Sollten Sie sich für Yoga interessieren und auch Yoga-Unterricht nehmen wollen, werden Sie auch andere Atemtechniken kennen lernen. Diese sind aber für das WOYO-Training nicht notwendig! In Kapitel 2 finden Sie weitere Hinweise zur richtigen Atmung während der Ausführung der Übungen.

Atemübung

Setzen Sie sich bequem und aufrecht hin. Achten Sie darauf, dass Ihr Brustkorb gehoben und Ihre Schultern entspannt sind. Schließen Sie die Augen hören und spüren Sie, wie Ihr Atem verläuft. Werden Sie sich bewusst, dass atmen ohne Ihr Zutun geschieht.

Beobachten Sie, wohin die Atemluft in Ihrem Körper fließt, wo er sich ausdehnt, und der Körper weiter wird.

Versuchen Sie Ihren Atemrhythmus so anzunehmen, wie er ist, ihn nicht aktiv zu beeinflussen.

Wenn Ihre Aufmerksamkeit nachlässt oder Sie sich aufgrund der ungewohnten Selbstbeobachtung blockieren, halten Sie inne, gähnen Sie bewusst, seufzen Sie tief und hörbar und lassen dann Ihrem Atem wieder seinen Lauf.

Versuchen Sie dies für ca. fünf Minuten und stellen Sie fest, wie schwierig es sein kann, sich nur für kurze Zeit auf Ihre Atmung zu konzentrieren.

! Halten Sie während Ihrer WOYO-Übungen immer wieder inne und beobachten Sie Ihren Atem!
Atmen Sie wann immer es geht durch die Nase ein und aus.

WOYO-Ausgangsposition im Sitzen

Im WOYO-Training gibt es viele Übungen, die im Sitzen ausgeführt werden. Deshalb sollten Sie wissen, wie Sie eine wirklich gute und richtige Sitzposition einnehmen können. Wenn Sie sitzen, sollten Sie in der Lage sein, den Oberkörper bzw. den Rücken mit wenig Mühe aufzurichten und den Oberkörper seitwärts zu drehen. Schaffen Sie sich dazu eine ausreichende Sitzhöhe. Sitzen Sie beispielsweise auf ein oder zwei Blöcken oder auf alternativen Hilfsmitteln (Kissen, Polster, Hocker, etc.). Versuchen Sie sich von den Sitzbeinhöckern ausgehend nach oben aufzurichten (Ihre Sitzbeinhöcker können Sie fühlen, wenn Sie sich auf einem harten Untergrund auf Ihre Handflächen setzen). Stellen Sie sich vor, dass Ihr Kopf wie bei einer Marionette an einem Faden nach oben gezogen wird und dabei Ihre Wirbelsäule gerade nach oben strebt. Vermeiden Sie einen runden Rücken, sitzen Sie aufrecht und lassen Sie die Schultern nach unten sinken (siehe Abbildung)!

Viele Vorbereitungsübungen werden im Schneidersitz dargestellt und beschrieben (zu den Sitzhaltungen kommen wir ausführlich in Kapitel 3.1 auf Seite 84). Wenn Sie im Schneidersitz sitzen und üben, denken Sie daran, die Beine öfters zu wechseln, damit einmal das linke, ein anderes Mal das rechte Bein oben auf dem anderen Bein liegt.

Sie können aber auch alle Übungen im Stehen oder einer anderen, für Sie angenehmeren Sitzhaltung durchführen. Es ist sogar möglich, die meisten der dargestellten Übungen auf einem Stuhl sitzend durchzuführen.

Knie

Bitte achten Sie immer darauf, wie sich Ihre Knie anfühlen. Die Knie sollten nie höher als das Becken sein. Wenn Sie Probleme mit den Knien haben, ist es wichtig, dass Sie sich möglichst hoch setzen und die Knie nicht schmerzen! Die Höhe der Sitzposition hat selten Einfluss auf die Intensität der Übungen. Richten Sie sich daher eine für Rücken und Knie komfortable Position ein. Der Verzicht auf eine Sitzhilfe ist oft falscher Ehrgeiz und schadet Ihren Gelenken!

Bei meiner täglichen Arbeit
sortiere ich mir begegnende Krankheitsbilder oft in zwei Schubladen:
Handelt es sich um die strukturelle Zerstörung eines Organs oder eine funktionelle Störung?
Wenngleich meistens Mischformen vorliegen, so ist die Einteilung doch hilfreich.
Bei der ersten, zahlenmäßig kleinen Gruppe, muss man einen operativen Eingriff in Betracht
ziehen. Die zweite, große Gruppe, darunter Erkrankungen wie funktionelle Rückenschmerzen,
Spannungskopfschmerzen, Kniescheibenbeschwerden, bedarf einer funktionellen,
oft ganzheitlichen Therapie.

In dieser Therapie hat WOYO mittlerweile einen festen Platz, gerade für die Patienten,
die einen aktiven Beitrag zur Gesundung leisten möchten und nicht nur passiv auf Hilfe hoffen.
Es gibt Dutzende Arten von funktioneller Therapie und krankengymnastischer Methoden.
Doch kaum einer dieser Therapien arbeitet mit derart komplexen Bewegungsketten wie WOYO.
Die Kräftigung des Quadrizeps beispielsweise wird hier nicht über ein isoliertes Training
dieses Muskels erreicht, welches oft auch noch das Kniegelenk schädigt, sondern ist eingebaut
in komplexe Figuren, die die ganze untere Extremität und den Rumpf mit einbeziehen.
Aus eigener Erfahrung mit WOYO weiß ich, dass ich nach dem Training Muskeln spüre,
deren Existenz ich vorher nur aus dem Anatomiebuch kannte.

Angenehm bei WOYO ist,
dass man nicht mit einem ideologischen, esoterischen Überbau
befrachtet wird, sondern man sich bewusst nur mit seinen Körperübungen befasst.
Die Ursprünge sind fern-östlich, die Form ist modern-westlich.
Unbewusst kommt nach und nach auch der Atem und die Ruhe.
Wie die Krankheit ist auch die Therapie dual, körperlich und geistig-seelisch:
»Ein gesunder Geist in einem gesundem Körper«.

Dr. med. Alois Englhard, Orthopäde

2 Das WOYO-Training

Man kann die Effizienz und Sinnhaftigkeit
von jeder Trainingsform sicherlich nach wissenschaftlichen
Messkriterien beurteilen.
Aber nach einer WOYO-Stunde sehe ich immer wieder den
geheimnisvoll-zufriedenen Gesichtsausdruck unserer Kursteilnehmer.
Dies erinnert mich daran, dass der menschliche Körper
die Hülle für Seele und Gefühle ist.

Peter Schlösser, Dipl. Ing.
Club Manager WOYO Club München, WOYO-Ausbilder (41)

2. Das WOYO-Training

So gehen Sie beim WOYO-Training vor:
Der Grundsatz beim Üben und Trainieren lautet: Vom Einfachen zum Schwierigen!

Beginnen Sie daher jede Trainingseinheit mit einfachen, leichten Übungen. Geben Sie Ihrem Körper Zeit, sich auf die Anforderungen einzustellen. Mit der Zeit lernen Sie, wie viel Vorbereitungszeit Sie benötigen, bevor Sie zu den intensiveren oder schwierigeren Übungsteilen übergehen.

Lassen Sie sich viel Zeit für die Übungen (Kapitel 2.1 bis 2.3). Dadurch verbessern Sie Ihre Körperfunktionen physiologisch und effizient. Wenn Sie möchten, gehen Sie danach weiter zu den einzelnen Endhaltungen (Kapitel 3).

So gehen Sie mit Ihren Handicaps um:
Lernen Sie, Ihren Körper so zu akzeptieren wie er im Moment ist! Wenn es für Sie bei verschiedenen Übungen bestimmte Einschränkungen gibt, dann akzeptieren – oder noch besser – respektieren Sie diesen Zustand. Lernen Sie jedoch, wie Sie mit den Hilfsmitteln besser in Übungspositionen zu Recht kommen und wie sich dadurch Ihre Einschränkungen nach und nach zum Besseren verändern.

Wie oft und intensiv Sie üben sollten:
Nur wenn Sie regelmäßig üben, werden Sie positive Veränderungen feststellen können. Regelmäßig heißt: mindestens einmal pro Woche trainieren, besser wären aber zwei Übungseinheiten pro Woche. Wenn Sie noch untrainiert sind, beginnen Sie ganz bewusst mit einem Zeitlimit zu arbeiten, z.B. maximal 45 Minuten. Wenn Sie merken, dass Sie Lust auf mehr haben, dann üben Sie lieber öfters, also beispielsweise anstelle von zwei Stunden, lieber zwei-, dann drei- oder sogar viermal pro Woche. Wenn Sie die Übungseinheiten zeitlich relativ kurz lassen, dann ist dies eine weniger große psychologische Barriere wie beispielsweise ein zwei Stunden dauerndes Training, außerdem wird es Ihnen leichter fallen, das Training regelmäßig und mit Spaß durchzuführen.

Vor allem, lassen Sie sich nicht ablenken. Machen Sie Ihre Trainingszeit zur Ihrer persönlichen WOYO-Auszeit. Stellen Sie Ihr Mobiltelefon ab, schauen Sie beim Training nicht fern oder hören Sie kein Radio. Konzentrieren Sie sich auf sich selber und Ihren Körper und nehmen Sie sich Zeit für Ihr eigenes Wohlbefinden. Denken Sie nur an sich – beim WOYO-Training dürfen Sie das nicht nur, es ist sogar eine Bedingung für Ihren individuellen Erfolg!

2.1 Training für Beine und Füße

Füße

Unsere Füße tragen uns durch das Leben und gleichzeitig unser gesamtes Körpergewicht. Dafür zwängen wir sie häufig in enges Schuhwerk. Unsere Füße bekommen wenig Luft. Meist sind uns die modische Aspekte unseres Schuhwerks wichtiger als die Gesundheit unseres »Fußwerks«. Die Füße sind in der Regel wohl die am wenigsten beachteten Körperteile.

Im WOYO wie im Yoga spielen die Füße aber eine besondere Rolle. Sie verbinden uns mit dem Boden, der Erde.

Sie geben uns Halt und »erden« uns. Für viele Menschen klingt dies vielleicht sehr spirituell, aber es lohnt sich darüber nachzudenken. Wann haben Sie zum letzten Mal Ihre Füße richtig betrachtet, sie angefasst, die Zehen gespreizt?

Wie wichtig die Füße für uns sind, und welchen Einfluss sie auf den ganzen Bewegungsapparat haben, kann man anschaulich an folgenden Beispiel nachvollziehen:

Haben Sie Plattfüße, dann sind die Fußgewölbe abgeflacht und haben ihre Funktion verloren. Die Fußsohle, welche aus vielen kleinen Einzelknochen, Sehnen und Bändern besteht, kommt dann in unmittelbaren Bodenkontakt. Jeder Schritt den Sie machen, wird ungefedert an Unterschenkel, Knie, Hüfte und Rücken weitergeleitet. Abgesehen davon, dass die Fußmuskulatur bei Plattfüßen ständig angespannt ist, kann man sich unschwer vorstellen, welche Auswirkungen dies im ganzen Bewegungsapparat haben könnte.

Letztendlich hat jede Fußanomalie Auswirkungen auf den gesamten Körper. Daher sind die Füße unbedingt in ein gesamtheitliches Trainingskonzept mit einzubeziehen.

Beine

Mit Hilfe unserer Beine bewegen wir uns fort. Doch unsere alltäglichen Gewohnheiten sind oft geprägt von sehr einseitigen Haltungen. Langes Sitzen oder Stehen nehmen Einfluss auf unseren Körper. Langes Sitzen oder einseitige Sportarten beispielsweise können zu einer Verkürzung der Muskelsehnenansätze auf der Beinrückseite führen.

Viele Übungen im WOYO und Yoga erfordern im Übrigen besonders viel Kraft und Flexibiliät in Beinen und Füßen. Die Beine und Füße brauchen also eine besondere Vorbereitung.

Die Übungen auf den folgenden Seiten dienen dazu, die Beine zu dehnen und zu kräftigen. Sie sollten diese Übungen zum allgemeinen Wohlbefinden, zur Stärkung und Dehnung für das besondere Training regelmäßig durchführen!

Dehnung der Füße – Übung 1

Dehnen Sie Füße, Fußgelenke und Oberschenkel mit der folgenden Übung. Diese Übung wird auch auch als Fersensitz bezeichnet.

Hilfsmittel: Decke, Gurt

Ausgangsposition

- Auf den Unterschenkeln sitzen
- Weiche Unterlage für Füße oder Knie falls erforderlich
- Oberkörper aufrichten
- Fersen möglichst zusammen halten

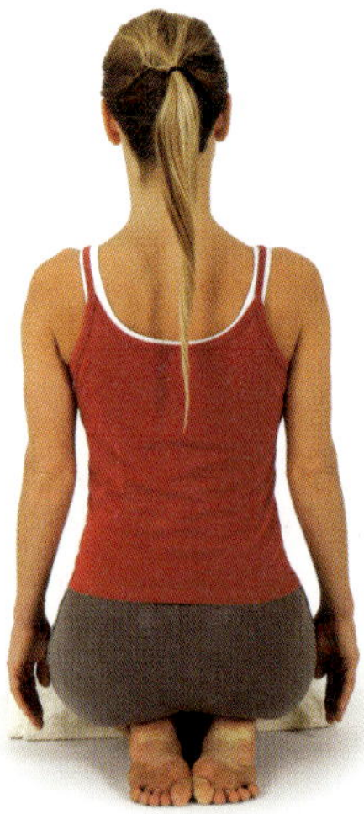

Nächste Stufe:

- Füße auf die Fußballen aufstellen und wieder mit dem Gesäß auf die Unterschenkel setzen
- Fersen nicht nach außen weichen lassen, als Unterstützung kann Gurt um die beiden Fußfesseln gebunden werden
- Während der Dehnung die Zehen spreizen
- Versuchen Sie auch den kleinen Zeh auf den Boden zu drücken
- Nach der Dehnung nachspüren

Empfohlene Dehnungszeit:

Einsteiger ca. 5-10 Atemzüge

Geübte bis ca. 20 Atemzüge

Hilfsmittel

Zur Hilfe kann ein Gurt um die beide Fußfesseln gezogen werden, um zu vermeiden, dass die Fersen zur Seite ausweichen – Vorsicht: sehr intensiv!

Bei Knieproblemen:

Um etwas höher zu sitzen, kann noch eine zusätzliche Polsterung zwischen Ober- und Unterschenkel gelegt werden (zusammengerolltes Handtuch, Kissen, o.ä.). Eine andere Möglichkeit besteht darin, eine zusammengerollte Socke in die Kniekehle zu legen. Wenn dies nicht hilft, sollte auf diese Haltung ganz verzichtet werden.

Für wen ist diese Übung besonders sinnvoll?

- Für alle Übenden,
- besonders für alle, die ihre Füße wenig dehnen und diese sehr lange in einseitigen Haltungen lassen

Hinweis bei Fußproblemen

Dehnen Sie Ihre Füße und Fußgelenke sehr behutsam. Dies gilt besonders, wenn Sie Probleme mit den Füßen haben (Überbein, Frostballen [Hallux valgus], Fußprobleme durch Diabetes). In diesem Fall sorgen Sie für Unterstützung (Handtuch, Kissen o.ä. als Polster) oder verzichten auf Dehnungen, die sich extrem unangenehm bis schmerzhaft anfühlen.

Dehnung der Füße – Übung 2

Wenn Sie die erste Übung problemlos durchführen können, machen Sie mit dieser Übung weiter.
Hilfsmittel: Decke, Gurt

Ausgangsposition
- Fersensitz
- Weiche Unterlage für Füße und Schienbeine

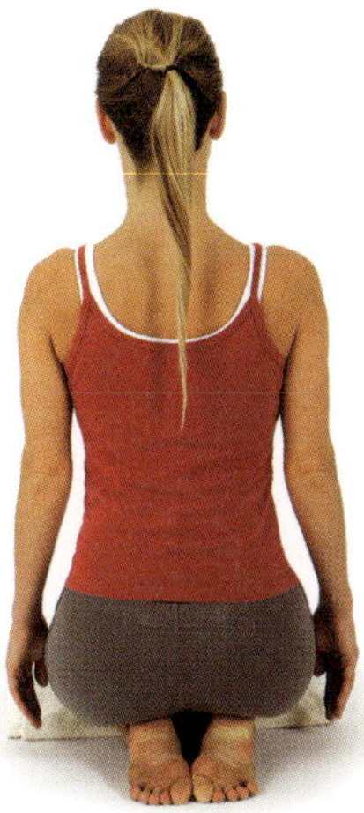

- Linkes Knie mit der linken Hand fassen und langsam vorziehen
- Fußspann muss auf weicher Unterlage aufliegen

- Linkes Bein weiter anheben und vorziehen, so dass der linke Fuß immer weiter auf dem Fußspann aufsetzt
- Oberkörper muss ganz gerade aufgerichtet bleiben

Für Geübte
- Beide Arme nach oben zur Decke strecken
- Oberkörper lang aufrichten
- Nicht zur Seite ausweichen

Empfohlene Dehnungszeit:
Einsteiger ca. 5-10 Atemzüge
Geübte bis ca. 20 Atemzüge

Für wen ist diese Übung besonders sinnvoll?
- Für alle Übenden
- Besonders für alle, die Ihre Füße wenig dehnen und diese sehr lange in einseitigen Haltungen lassen
- Für Schwangere

Dehnung der Beinrückseite 1

Hilfsmittel: Gurt

So kommen Sie in die Übungsposition:

- Hängen Sie den Kopf und das rechte Bein wie in dem Bild dargestellt in den Gurt ein.
- Stellen Sie den Gurt so ein, dass der Kopf ohne Kraftanstrengung im Gurt »hängt«. Lassen Sie das linke Bein auf dem Boden aufgestellt. Wenn Sie die Dehnung nun bereits sehr intensiv spüren, bleiben Sie in dieser Position.

! Versuchen Sie nicht, den Kopf auf den Boden zurück zu ziehen, oder zur Seite zu ziehen (zum Schutz der Halswirbelsäule). Der Kopf »schwebt« in der Luft!

Für Fortgeschrittene:
Beginnen Sie nun, das Bein so weit wie möglich auszustrecken.

Anschließend Seitenwechsel

Empfohlene Dehnungszeit:
Mindestens 1 Minute pro Seite

! Achten Sie darauf, dass beide Seiten gleich lang gedehnt werden. Sie können durch »Atemzüge zählen« und dadurch die Dehnungszeit auf beiden Seiten gleich lang halten.

Beobachten Sie, ob beide Seiten gleich flexibel sind. Falls es einen Unterschied zwischen den beiden Seiten gibt, wird sich dies im Lauf der Zeit bei regelmäßiger Dehnung angleichen.

Für wen ist diese Übung besonders sinnvoll?

- Für jeden Übenden
- Für alle, die viel sitzen oder die viel stehen
- Für Ausdauersportler
- Schwangere

Dehnung der Beinrückseite 2

Diese Übung ist eine angenehme Art, beide Beine gleichzeitig zu dehnen.
Hilfsmittel: Gurt, Ball

So kommen Sie in die Übungsposition:

- Gurt um den Oberkörper legen
- Auf den Rücken legen
- Beide Füße in den Gurt einhängen
- Knie zunächst gebeugt lassen
- Allmählich die Beine mehr strecken, Fersen nach oben zur Decke drücken
- Drücken Sie den unteren Rücken/Kreuzdarmbeingelenk/Becken auf den Boden.

Legen Sie den Kopf bequem auf den Ball. Der Gurt wird um den Oberkörper gelegt; die Füße oben eingehängt. Die Beine müssen nicht ganz gestreckt werden. Man versucht den unteren Rücken / Kreuzdarmbeingelenk auf den Boden zu drücken.

Wenn die Beinrückseiten mit der Zeit flexibler werden, können Sie versuchen, die Beine mehr und mehr zur strecken Auch die Zehen können leicht angezogen werden. Aber versuchen Sie weiterhin, das Becken und den unteren Rücken komplett am Boden zu lassen.

Empfohlene Dehnungszeit:
mindestens 1 bis maximal 4 Minuten liegen.

Wenn es angenehmer für den Kopf und die Halswirbelsäule ist, können Sie den Kopf auch auf den Boden oder eine flache Decke (gefaltetes Handtuch) legen.

Für wen ist diese Übung besonders sinnvoll?

- Für alle Übenden
- Für alle, die viel sitzen oder viel stehen
- Für Ausdauersportler
- Für Schwangere

Dehnung der Beinrückseite 3

Im Anschluss an die vorgehende Übung (Dehnung der Beininnenseite mit Gurt um den Rumpf) lässt sich sehr leicht eine weitere Dehnposition für die Beinrückseite anschließen.
Diese Variante ist für Fortgeschrittene gedacht.
Hilfsmittel: Gurt, Ball, Decke

Ausgangsposition
- Position wie in der Übung zuvor einnehmen
- Den Gurt mit einer großen Schlaufe um den Oberkörper legen
- Auf den Rücken legen
- Beide Füße in den Gurt einlegen
- Knie soweit gebeugt lassen, dass Becken und unterer Rücken auf dem Boden liegen bleiben

So kommen Sie in die Übungsposition:
- Ausgangsposition wie oben beschrieben
- Rechtes Bein ausfädeln und am Boden entlang nach vorne wegstrecken
- Das gestreckte Bein lang wegdehnen, das Fersenbein wegdrücken und die Oberschenkelmuskulatur nach innen rollen

**! Versuchen Sie den unteren Rücken / Kreuzdarmbeingelenk / Becken auf dem Boden zu lassen.
Vermeiden Sie ein Wegkippen zu einer Seite!**

Empfohlene Dehnungszeit:
Ca. 2-4 Minuten
Anschließend Seite wechseln

Für wen ist diese Übung besonders sinnvoll?
- Für Menschen mit flexibler Beinrückseite (Fortgeschrittene)

Dehnung der Beinrückseite 4

Hilfsmittel: Gurt, Ball

Ausgangsposition

- Auf dem Rücken liegen, Beine aufstellen
- Den Gurt mit einer kleinen Schlaufe in der rechten Hand halten

So kommen Sie in die Übungsposition:

- Den rechten Fuß in den Gurt einfädeln
- Das linke Bein noch aufgestellt lassen

Sanft wird das rechte Bein nun weiter in Richtung zum Oberkörper gezogen. Das Bein muss nicht ganz gestreckt sein.

Versuchen Sie ganz allmählich das Bein mehr zu dehnen, indem Sie zum einen das rechte Bein mehr strecken und zum anderen das linke Bein mit dem Gurt mehr zum Kopf ziehen. Sie sollten aber die Spannung nicht zu groß werden lassen. Lassen Sie lieber noch etwas »Reserve«, um eine weitere Variante zu probieren.

Der linke Fuß (liegendes Bein) wird nun in kleinen Schritten immer weiter nach vorne geschoben. Wenn die Beinrückseiten mit der Zeit flexibler und dehnfähiger werden, wird sich das untere Bein irgendwann ganz strecken lassen.

Anschließend Seitenwechsel

Empfohlene Dehnungszeit:
Einsteiger ca. 1-2 Minuten
Geübte ca. 2-4 Minuten

Wenn es angenehmer für Ihren Kopf und die Halswirbelsäule ist, können Sie den Kopf auch auf den Boden oder eine flache, weiche Unterlage (gefaltetes Handtuch) auflegen.

Für wen ist diese Übung besonders sinnvoll?

- Für alle Übenden
- Für alle, die viel sitzen oder viel stehen
- Ausdauersportler
- Schwangere

Die Ausführung im Yoga

Mit dem WOYO-Training können Sie sich auf diese schwierige Übung vorbereiten. Dabei sollten Sie sich aber sehr viel Zeit lassen.

Dieses Asana erfordert eine sehr hohe Dehnfähigkeit, sowie eine genaue Ausrichtung und sollte daher nur unter Anleitung eines erfahrenen Yogalehrers ausgeführt werden.

Der Name in Sanskrit:
Supta Padangusthasana
(gesprochen: »supta padanguschtasana«)
Supta = liegend
Pada = Fuß
Angustha = große Zehe

Dehnung der Beinaußenseite 1

Im Anschluss an die Dehnungen der Beinrückseiten, lassen sich sehr schön Varianten zur Dehnung der Beinaußen- und Innenseiten ergänzen.

Hilfsmittel: Gurt, Ball, Block, Decke

Empfohlene Dehnungszeit:
Einsteiger ca. 1-2 Minuten
Geübte ca. 2-4 Minuten

Ausgangsposition

So kommen Sie in die Übungsposition

- Aus der Ausgangsposition heraus legen Sie das rechte Bein diagonal zur Seite ab.
- Versuchen Sie beide Beine so weit wie möglich zu strecken. Das untere (linke) Bein sollte mit dem Fuß gerade ausgerichtet sein und nicht zur Seite wegfallen.
- Das gedehnte Bein (rechts) wird mit dem Gurt gehalten. Wenn Sie mit dem Fuß nicht auf den Boden kommen, können sie einen Block unter den Fuß setzen.
- Schieben Sie Ihre Sitzbeinknochen zusammen.

! Wenn es angenehmer für Ihren Kopf und die Halswirbelsäule ist, können Sie Ihren Kopf auch auf den Boden oder eine flache Decke (gefaltetes Handtuch) auflegen.

Für wen ist diese Übung besonders sinnvoll?

- Für jeden Übenden
- Für alle, die viel sitzen oder viel stehen
- Ausdauersportler

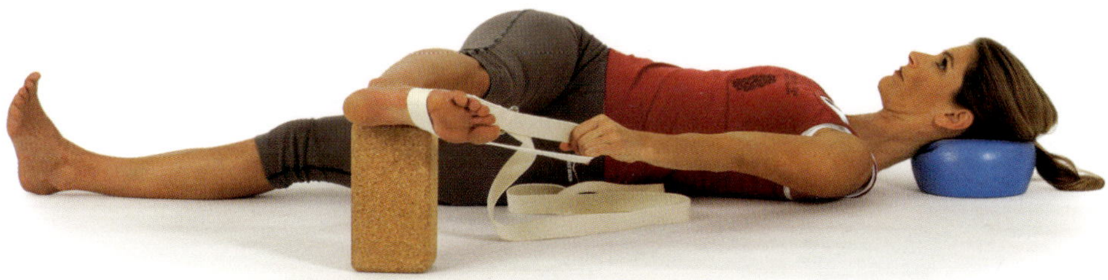

Dehnung der Beinaußenseite 2

Hilfsmittel: Gurt, Ball, Decke

So kommen Sie in die Übungsposition:
- Gurt um den Oberkörper in Richtung Achselhöhlen legen
- Auf den Rücken legen
- Rechtes Bein in Gurt einhängen und strecken
- Im gestreckten Zustand das rechte Bein diagonal zur linken Seite drücken
- Das linke (aufgestellte) Bein diagonal nach rechts drücken

Empfohlene Dehnungszeit:
Einsteiger ca. 1-2 Minuten
Geübte ca. 2-4 Minuten
Anschließend Seitenwechsel

! Der Dehneffekt auf der Beinaußenseite stellt sich nur ein, wenn Sie mit dem Becken auf dem Boden liegen bleiben und nicht auf eine Seite wegkippen.

Wenn es angenehmer für Ihren Kopf und die Halswirbelsäule ist, können Sie den Kopf auch auf den Boden oder eine flache, weiche Unterlage (gefaltetes Handtuch) auflegen.

Für wen ist diese Übung besonders sinnvoll?
- Für jeden Übenden
- Für alle, die viel sitzen oder viel stehen
- Für Ausdauersportler

Dehnung der Beininnenseite

Es bietet sich an, unmittelbar nach Dehnung der Beinaußenseite auch die Beininnenseite zu dehnen.
Hilfsmittel: Gurt, Ball, Decke

Ausgangsposition
Wie dargestellt – Grundposition aus vorheriger Übung

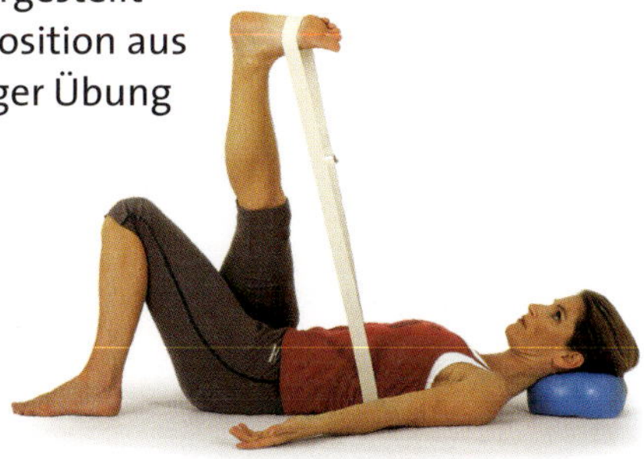

So kommen Sie in die Übungsposition
- Linkes Bein im gestreckten Zustand nach links außen bringen
- Rechtes Bein im angewinkelten Zustand nach rechts bringen
- Das Becken muss zu jeder Zeit auf beiden Seiten in Bodenkontakt bleiben
- Mit der linken Hand kann das linke Bein zusätzlich geführt werden.
- Becken in möglichst neutraler Stellung halten (nicht vor- oder zurück kippen)

Empfohlene Dehnungszeit:
Einsteiger ca. 1-2 Minuten
Geübte ca. 2-4 Minuten
Anschließend Seitenwechsel

Wenn es nicht möglich ist, das Becken gerade auszurichten, versuchen Sie, das angewinkelte Bein einfach mehr in Richtung Oberkörper heranzuziehen. Dazu müssen Sie den Fuß des Beins vom Boden anheben.
Die Innenschenkelmuskulatur (Adduktoren) sind sehr sensibel, daher sehr vorsichtig dehnen.

Wenn es angenehmer für Ihren Kopf und die Halswirbelsäule ist, können Sie den Kopf auch auf den Boden oder eine flache, weiche Unterlage (gefaltetes Handtuch) auflegen.

Für wen ist diese Übung besonders sinnvoll?
- Für jeden Übenden
- Für alle, die viel sitzen oder viel stehen
- Ausdauersportler
- Schwangere

Hinweis bei Schwangerschaft:
Während der Schwangerschaft müssen Sie unbedingt darauf achten, dass der Gurt um den Brustkorb (Rippenbereich) angelegt ist, nicht um den Bauch-Taillenbereich. Alternativ können Sie den Fuß auch nur mit dem Gurt zwischen Hand und Fuß halten (Gurt also nicht um den Oberkörper anlegen).

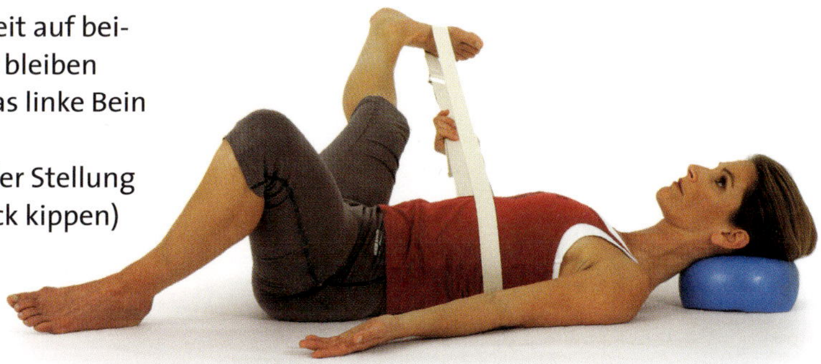

Was findet Ihr gut an WOYO?

· Es ist eine neue Erfahrung (auch für verwöhnte Menschen).
· Es ist die Bewegungs-Meditation.
· Die Veränderung in einer Stunde von der »Vorher«- zur »Nachher«-Welt
· Balance, Frieden und Glück
· Effektiv für Bewustsein in jeder Beziehung Körper-Geist-Seele
Ava: »Bei Sonja flieg' ich höher.«
· Die Leichtigkeit des Seins

Warum könnt Ihr WOYO weiterempfehlen?

WOYO – ist das fehlende Glied, das zur Harmonie von Körper und Geist führt.
WOYO – ist eine Bereicherung für jeden Alltag.
WOYO – ist eine Erfahrung von In-output, die man leben sollte.

Warum geht Ava mit ins WOYO-Training?

· Sie hat Spass und sie liebt es, sie selbst zu sein, zu spielen
(für sie ist es auch eine Art Bühne).
· Sie entwickelt ein ganz anderes Körper-Geist-Bewusstsein.
· Sie lernt, sich zu entspannen.
· Sie ist konzentrierter und disziplinierter.
· Es tut ihr gut und sie nimmt es wahr.
· Sie darf »fliegen«.
· Sie hat ihren Körper unter Kontrolle.

Irma Kalff, Filmeditor (50)
Empfehlung (ich hasse Clubs/Vereine/Gruppen/Ansammlungen)

Ava Kalff, Realschülerin (12)
Empfehlung (Rückenprobleme/entspannung

Ernst Kalff, Photograph, Filmproduzent (51)
empfehlung/rückenprobleme/entspannung

2.2. WOYO-Training für Hände, Arme und Schultern

Hände

Die Hände sind ausführende Werkzeuge unseres Gehirns. Gehirn und Hände zeigen am deutlichsten den entwicklungsgeschichtlichen Unterschied zwischen Tier und Mensch. Unser Tastsinn ist sehr fein ausgeprägt und wir können filigrane Bewegungen mit den Händen ausführen. Aber auch Kraft und Ausdauer wird den Händen abverlangt. Die Kombination von ausgeprägtem Tastsinn, Geschicklichkeit, Koordination und Kraft ist das Ergebnis einer einzigartigen Entwicklung in der Natur.

Arme

Die Arme verhelfen uns dazu, unsere Hände in einem erweiterten Radius einzusetzen. Hände und Arme bilden eine untrennbare Bewegungseinheit.

Schultern

Über die Schultern sind die Arme mit dem übrigen Rumpf verbunden. Der höchst raffinierte und komplizierte Mechanismus der Schultergelenke und deren umhüllende Muskulatur lässt uns erstaunliche Leistungen vollbringen, die aber kaum als solche wahrgenommen werden. Entgegen der Wirkung der Schwerkraft sind wir in der Lage, die Arme über den Kopf nach oben zu strecken und zum Beispiel einen Gegenstand aus einem hohen Regal zu nehmen.

Die komplexen Möglichkeiten der Bewegungen von Händen, Armen und Schultern werden in der modernen Zivilisation immer seltener gefordert, somit nimmt die natürliche Beweglichkeit, Koordination und Kraft dieses Bewegungsapparats allmählich ab. Hände, Arme und Schultern brauchen daher ein ausgewogenes Training.

Auf den folgenden Seiten finden Sie eine Vielzahl von Übungen, um Hände, Arme und Schultern zu kräftigen, dehnen und zu mobilisieren. Versuchen Sie zu Beginn nicht gleich alle Übungen durchzuführen. Lassen Sie sich einfach Zeit und suchen sich zunächst ein paar Übungen aus, die für Sie leicht durchzuführen sind. Nach und nach nehmen Sie dann andere Übungen dazu und variieren damit Ihr Trainingsprogramm.

Dehnung der Handgelenke mit Außenrotation der Arme und Schultergelenke

Beginnen Sie Ihre Übungen für Arme und Schultern am besten mit sanften Dehnungen für die Hände und Handgelenke.

Ausgangsposition

Beginnen Sie aus der »einfachen Bankstellung«, d.h. stützen Sie sich auf Knien und Armen ab. Legen Sie sich eine weiche Unterlage unter die Knie, wenn der Untergrund zu hart ist.

So kommen Sie in die Übungsposition:

- Die Hände schulterbreit aufstellen
- Hände und Finger so weit wie möglich spreizen
- Arme strecken, aber nicht überstrecken
- Brustkorb / Brustbein so weit wie möglich vom Boden wegheben
- Die Arme mit den Händen nach aussen rotieren

Empfohlene Dehungszeit:

Einsteiger ca. 1-2 Minuten
Geübte ca. 2-3 Minuten

! Bei Problemen mit den Handgelenken (Arthrose in den Gelenken, Sehnenscheidenreizungen und Entzündungen) führen Sie diese Übung nur ganz sanft und vorsichtig aus! Die Dehnungen sollten Sie nicht zu intensiv ausführen. Die Handgelenke sind sehr empfindlich und bedürfen besonderer Fürsorge.

Für wen ist diese Übung besonders sinnvoll?

- Für jeden, der vor allem einseitige Tätigkeiten mit den Händen verrichtet
- Für alle, die viel am Schreibtisch/Computer arbeiten
- Für Golf- und Tennisspieler

Dehnung der Handgelenke mit Innenrotation der Arme und Schultern

Ausgangsposition
Wie in der Übung zuvor: »Einfache Bankstellung«, d.h. stützen Sie sich auf Knien und Armen ab.

So kommen Sie in die Übungsposition:
- Arme strecken, aber nicht überstrecken
- Brustkorb / Brustbein so weit wie möglich vom Boden wegheben
- Die Arme mit den Händen nach innen drehen
- Die Handflächen möglichst flach auf den Boden drücken
- Handflächen vollkommen ausstrecken

Empfohlene Dehungszeit:
Einsteiger ca. 1-2 Minuten
Geübte ca. 2-3 Minuten

Bei Problemen mit den Handgelenken führen Sie diese Übung nur ganz sanft und vorsichtig aus. Die Dehnungen sollten Sie nicht zu intensiv ausführen. Die Handgelenke sind sehr empfindlich und bedürfen besonderer Fürsorge.

Für wen ist diese Übung besonders sinnvoll?
- Für jeden, der viel einseitige Tätigkeiten mit den Händen verrichtet
- Für alle, die viel am Schreibtisch/Computer arbeiten
- Für Sportler (Tennis, Golf, Klettern)

Intensivere Dehnung der Handgelenke

Die folgende Übung ist besonders intensiv. Wir empfehlen sie für Fortgeschrittene.

Ausgangsposition

- Wie in der Übung zuvor: »Einfache Bankstellung«, d.h. stützen Sie sich auf Knien und Armen ab
- Handrücken auf den Boden legen und mit Fingern zu den Knien ausrichten, dabei die Ellenbogen unbedingt beugen
- Brustkorb / Brustbein so weit wie möglich vom Boden wegheben

Hilfsmittel:

Legen Sie eine weiche Unterlage unter die Hände, um die Übung sanfter zu gestalten (gefaltetes Handtuch, flaches Kissen).

So kommen Sie in die Übungsposition:

- Beginnen Sie nun ganz langsam die Arme zu strecken. Nur so weit dehnen wie die Dehnung deutlich spürbar ist, aber sie nicht überfordert oder zu unangenehm wird.
- Versuchen Sie die Handflächen und die Finger möglichst weit zu spreizen.
- Drücken Sie die Daumen an den Boden.

Empfohlene Dehungszeit:

Ca. 1-2 Minuten

Zum Auflösen der Position beugen Sie zuerst die Arme. Anschließend können Sie bequem die Arme und Hände zurückdrehen. Spüren Sie die Dehnung für ein paar Atemzüge nach.

❶ Diese Dehnung ist besonders intensiv und Sie sollten diese sehr langsam und vorsichtig ausgeführen.

Für wen ist diese Übung besonders sinnvoll?

- Für Fortgeschrittene
- Für alle, die viel einseitige Tätigkeiten mit den Händen verrichten
- Für alle, die viel am Schreibtisch/Computer arbeiten
- Für Sportler (Tennis, Golf, Klettern)

Dehnung und Mobilisation der Handgelenke, Unterarme, Oberarme, Schultern

Hilfsmittel:
1-2 Blöcke für bequeme Sitzhöhe

Ausgangsposition
- Schneidersitz in ausreichender Sitzhöhe
- Richten Sie den Oberkörper auf.
- Heben Sie den Bauch und den unteren Rücken an.
- Winkeln Sie den rechten Arm vor dem Oberkörper an.

So kommen Sie in die Übungsposition:
- Bringen Sie nun den linken Arm diagonal nach vorne und umfassen den rechten Arm wie dargestellt.
- Versuchen Sie die Handflächen so weit wie möglich übereinander zu legen. Lassen Sie die Schulterspitzen tief.
- Schieben Sie die Ellenbogen nach vorne.

Empfohlene Dehungszeit:
Ca. 1-2 Minuten
Danach Seite wechseln

Für wen ist diese Übung besonders sinnvoll?
- Für alle, die viel einseitige Tätigkeiten mit den Händen verrichten
- Für alle, die viel am Schreibtisch/Computer arbeiten
- Für Sportler (Tennis, Golf, Klettern)

Mobilisation und Kräftigung für Oberkörper, Schultern und Arme

Bereiten Sie sich für das Arm- und Schultertraining mit den folgenden Übungen vor. Sie brauchen dazu keine Hilfsmittel.

Ausgangsposition

- Schneidersitz in angenehmer Sitzhöhe
- Richten Sie den Oberkörper auf. Bringen Sie den Rumpf in Vorspannung indem Sie die Arme anwinkeln und an die Rippen andrücken.
- Dabei ruhig, gleichmäßig und tief ein- und ausatmen

- Atmen Sie tief ein.
- Mit dem Ausatmen strecken Sie die Arme nach vorne aus. Öffnen Sie dabei die Hände so weit wie möglich. Spreizen Sie die Finger; der Daumen wird dabei weit zur Seite gestreckt.
- Bleiben Sie in dieser Position ca. 5 - 10 lange Atemzüge.

Zum Abschluss können Sie noch eine Variante ergänzen, wenn noch genügend Kraft vorhanden ist:

- Atmen Sie aus.
- Mit dem Einatmen heben Sie die Armen nach oben und strecken sie diese so weit wie möglich aus.
- Versuchen Sie, die Schultern nicht mit nach oben zu heben, sondern nach unten zu ziehen.
- Bleiben Sie in dieser Position ca. 5 lange und tiefe Atemzüge.

Für wen ist diese Übung besonders sinnvoll?

- Für alle, die viel einseitige Tätigkeiten mit den Händen verrichten
- Für alle, die viel am Schreibtisch/Computer arbeiten
- Für Sportler (Tennis, Golf, Klettern)

Kräftigung der Armrückseiten und Schultern

Für die nächste Übung benötigen Sie einen Block (oder alternatives Hilfsmittel) als Abstandhalter.

Ausgangsposition

- Schneidersitz in angenehmer Sitzhöhe
- Nehmen Sie den Block zwischen die Hände, wie im Bild dargestellt. Die Handinnenkanten halten den Block; die Daumen sind nach außen abgespreizt.
- Richten Sie den Oberkörper auf. Bringen Sie den Rumpf in Vorspannung, indem Sie die Arme anwinkeln und an die Rippen andrücken.
- Dabei ruhig, gleichmäßig und tief ein- und ausatmen

- Atmen Sie aus.
- Mit dem nächsten Einatmen bringen Sie die Arme nun nach vorne vor den Oberkörper.
- Versuchen Sie weiterhin die Daumen so weit wie möglich zur Seite abzuspreizen.
- Achten Sie auf eine aufrechte Sitzposition.
- Bleiben Sie in dieser Position ca. 5 – 10 lange Atemzüge.

Empfohlene Übungsanzahl:
Einsteiger ca. 8 – 16 Wiederholungen

Für Geübte:
Versuchen Sie nun noch folgende Übungsalternativen. Machen Sie ruhig eine kleine Pause, wenn Sie spüren, dass die Kraft in Armen und Schultern nachlässt.

So kommen Sie in die Übungsposition:
- Atmen Sie aus.
- Mit dem Einatmen nehmen Sie die Arme gestreckt nach oben. Halten Sie den Block mit gestreckten Händen und Handgelenken.

So führen Sie die Übung aus:
- Mit dem Einatmen die Arme beugen
- Mit dem Ausatmen strecken
- Mit dem Einatmen wieder beugen usw.

Versuchen Sie, die Ellbogen nicht nach außen ausweichen zu lassen. Die Hauptschwierigkeit der Übung besteht darin, die Arme senkrecht nach oben zu strecken.
Lassen Sie die Schultern tief; ziehen Sie sie nicht nach oben.

Für wen ist diese Übung besonders sinnvoll?
- Für alle, die viel einseitige Tätigkeiten mit den Händen verrichten
- Für alle, die viel am Schreibtisch/Computer arbeiten
- Für Sportler (Tennis, Golf, Klettern)

Kräftigung der Arme und Schultern

Ausgangsposition

- Schneidersitz in angenehmer Sitzhöhe
- Richten Sie den Oberkörper auf. Nehmen Sie den Block hinter dem Körper mit beiden Handflächen. Strecken Sie Finger und Handgelenke dabei nach unten aus.

- Tief einatmen
- Mit dem Ausatmen die Arme so weit wie möglich nach hinten ausstrecken und heben
- Den Oberkörper dabei möglichst aufgerichtet lassen

- Mit dem Einatmen wieder lösen und Arme mehr beugen und absenken
- Mit dem Ausatmen Arme wieder strecken und heben usw.
- Versuchen Sie, die Schulterspitzen möglichst tief zu lassen. Der Oberkörper bleibt die ganze Zeit gerade aufgerichtet.

Empfohlene Übungsanzahl:
Einsteiger ca. 8 – 16 Wiederholungen

Für wen ist diese Übung besonders sinnvoll?

- Für alle, die viel einseitige Tätigkeiten mit den Händen verrichten
- Für alle, die viel am Schreibtisch/Computer arbeiten
- Für Sportler (Tennis, Golf, Klettern)

Alternativübung:
Wenn Ihnen die Übung zu anstrengend ist oder Sie Probleme mit der Schulter haben, können Sie die Übung anstelle des Blocks mit einem Gurt durchführen. Nehmen Sie dazu den Gurt hinter den Rücken in beide Hände. Der Abstand zwischen den Händen sollte ungefähr eine Schulterbreite betragen. Strecken Sie die Arme nach hinten aus. Dann heben und senken Sie die Arme, soweit es Ihnen möglich und angenehm ist.

Oberkörperstreckung – Schultertraining – Balance

Ausgangsposition

- Schneidersitz mit angenehmer Sitzhöhe
- Richten Sie den Oberkörper auf.
- Strecken Sie die Arme zu beiden Seiten waagerecht aus.
- Versuchen Sie, Ihren Kopf auf der Halswirbelsäule auszubalancieren.

- Führen Sie die gleiche Übung nun mit einem Block auf dem Kopf aus. Lassen Sie sich Zeit, um den Block in eine gute Position zu bringen. Wenn Sie den Block auf der Kopfkrone balancieren, sollte Ihr Blick geradeaus nach vorne gerichtet sein.
- Bleiben Sie ca. 5- 10 lange, tiefe Atemzüge in dieser Position.

Alternative:
Bewegen Sie Ihren Kopf abwechselnd nach rechts und nach links (4 mal pro Seite).

Nun kommt die Herausforderung:

- Heben Sie die Arme nun langsam seitlich nach oben.
- Strecken Sie die Arme dann senkrecht nach oben und drücken den Block mit den Unterarmen von beiden Seiten zusammen.
- Zur Steigerung können Sie noch versuchen, den Block ein wenig von der Kopfkrone abzuheben, indem Sie die Schultern nach oben heben.
- Je nach Kraft können Sie in der Position bis zu 10 Atemzügen bleiben.

Für wen ist diese Übung besonders sinnvoll?

- Für alle, die viel einseitige Tätigkeiten mit den Händen verrichten
- Für alle mit Haltungs- oder Rückenproblemen
- Für alle, die viel am Schreibtisch/Computer arbeiten
- Für Sportler (Tennis, Golf, Klettern)

Dehnung für Schultern und Armstrecker

Variante mit Gurt

Ausgangsposition
- Angenehme Sitzposition einnehmen
- Oberkörper aufrichten
- Becken vorkippen (physiologisches Hohlkreuz)

- Gurt in die rechte Hand nehmen und von oben am Rücken entlang nach unten hängen lassen
- Mit der linken Hand den Gurt fassen
- Den rechten Arm mit der Ellenbogenspitze senkrecht nach oben ausrichten
- Langsam mit den beiden Händen zu einander finden
- Bleiben Sie 5 bis 15 Atemzüge in der Position.
- Langsam auflösen und die Dehnung für einen Moment nachspüren

Anschließend Seitenwechsel

Kopf gerade lassen
Oberkörper von den Sitzbeinhöckern nach oben strecken

Variante ohne Gurt – für Geübte

Ausgangsposition
- angenehme Sitzposition einnehmen
- Oberkörper aufrichten

- Den Handrücken der linken Hand so weit wie möglich nach oben auf den Rücken legen
- Beide Schultern tief lassen

- Mit rechten Hand von oben an die linke Hand fassen
- Oberkörper weiterhin heben
- Tief und lang ein- und ausatmen
- Bleiben Sie 5 bis 15 Atemzüge in der Position
- Langsam auflösen und die Dehnung für einen Moment nachspüren

Anschließend Seitenwechsel

Für wen ist diese Übung besonders sinnvoll?
- Für alle, die viel einseitige Tätigkeiten mit den Händen verrichten
- Für alle, die viel am Schreibtisch/Computer arbeiten
- Für Sportler (Tennis, Golf, Klettern)
- Für Schwangere

Kombination der Schulter- und Handgelenkdehnung

Ausgangsposition

- Angenehme Sitzposition einnehmen
- Oberkörper aufrichten

Leichte Variante

- Handflächen mit Fingerspitzen in Richtung Boden aneinander legen
- Schultern tief lassen und leicht nach hinten ziehen
- Hände mit den Daumen immer weiter an der Wirbelsäule entlang nach oben ziehen

Anschließend Seitenwechsel

Für wen ist diese Übung besonders sinnvoll?

- Für alle, die viel einseitige Tätigkeiten mit den Händen verrichten
- Für alle, die viel am Schreibtisch/Computer arbeiten
- Für Sportler (Tennis, Golf, Klettern)
- Für Schwangere mit ausreichend Sitzhöhe geeignet

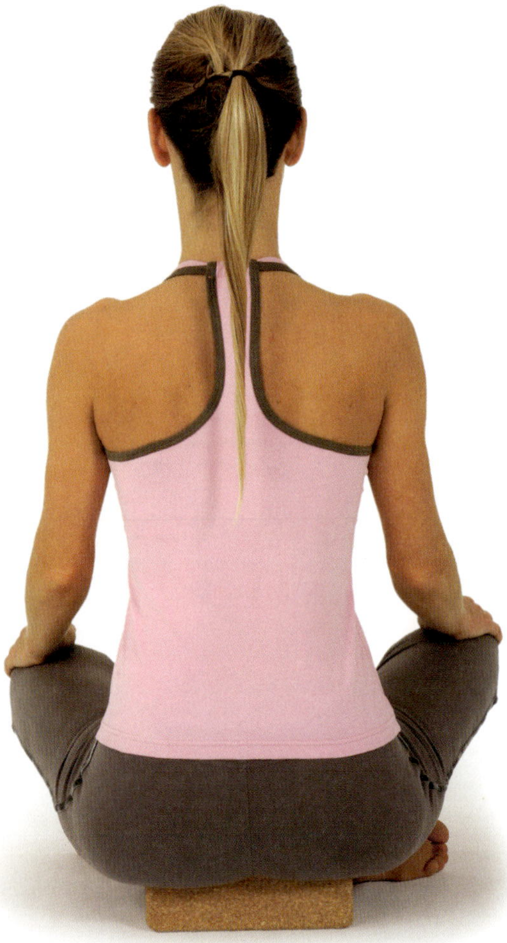

Variante für Geübte

- Handflächen mit Fingerspitzen in Richtung Kopf auf die Wirbelsäule legen
- Hände mit den kleinen Fingern immer weiter an der Wirbelsäule entlang nach oben schieben
- Schultern tief lassen und leicht nach hinten ziehen
- Kopf und Hals gerade lassen
- Tief und lang ein- und ausatmen
- Bleiben Sie 5 bis 15 Atemzüge in dieser Position

Gerade durch Bewegungsmangel, Übergewicht,
fehlendes Körperbewusstsein kommt es oft zu Zivilisationskrankheiten
wie z.B. Rückenproblemen. Aus schlechtem Gewissen seinem Körper gegenüber
betreibt der Patient oftmals Sport nach dem Motto:
je mehr um so besser – oder er tut gar nichts.
WOYO zeigt dem Patienten, dass hier der Weg das Ziel ist.
Durch die Vielzahl an Übungen, auch unter Verwendung von Hilfsmitteln,
wird der Körper zuerst einmal vorbereitetet, um eine bestimmte Position
überhaupt einnehmen zu können.
So können Patienten z. B. mit Rückenproblemen
sehr früh beginnen, gezielt mit ihrem Körper
zu arbeiten.

Petra Margosch
Sport- und Physiotherapeutin, Osteopathie (35)

2.3 WOYO-Training für Rücken, Rumpf und Becken

Rücken

Der Rücken gehört genau genommen zum Rumpf. Er ist die für uns nicht sichtbare Rückseite des Rumpfes und erstreckt sich über eine große Fläche. Wenn wir vom Rücken sprechen, beziehen wir uns meist auf die Wirbelsäule oder die großflächige Rückenmuskulatur. In WOYO lernen Sie die verschiedenen Funktionen des Rückens in den unterschiedlichen Regionen kennen. Außerdem lernen Sie, wie Sie Ihren Rücken schonen und schützen können, denn trotz oder vielleicht wegen der großen Kraftbündelung im Rücken, haben viele Menschen zeitweise oder oft dauerhaft Rückenprobleme. Begünstigt wird dies durch Fehlhaltungen oder einseitige Bewegungsmuster im Alltag.

Rumpf

Rumpf und Becken bilden den massivsten Teil unseres Körpers. Wirbelsäule, Becken, Muskelschichten, Bänder, Sehnen und das Bindegewebe bilden einen äußerst starken Verbund, um dem Körper die notwendige Statik zu verleihen. Aber dennoch muss Bewegung möglich sein. Arme und Beine wirken durch ihre Bewegungsmöglichkeit über starke Hebelkräfte auf Rumpf und Becken ein.

Der Rumpf birgt die wichtigen Organe für Stoffwechsel und Blutzirkulation in sich. Dem Training für den Rumpf kommt also nicht nur eine phyische Bedeutung zu sondern es wird auch Einfluss auf die organischen Funktionen genommen. Im Hatha Yoga werden vielen Übungen (Asanas) für Rumpf, Rücken und Becken besonders stimmulierende und sogar heilende Wirkung zugeschrieben. Auch in der westlichen Medizin findet diese Möglichkeit der Einflussnahme auf die organischen Abläufe im Körper immer häufiger Gehör, da mehr und mehr Zusammenhänge in klinischen Studien nachgewiesen werden können.

Becken

Dem Becken kommt als Träger der inneren Organe eine besondere Funktion zuteil. Der Beckenboden ist wie ein starkes Netz in der Beckenschale eingelegt und ist in der Lage – entgegen der Schwerkraft – dem Gewicht der inneren Organe von oben zu widerstehen. Die Wirbelsäule bildet mit dem Becken – in Verbindung mit dem Kreuzbein – eine bewegliche, aber äußerst stabile Einheit. Die extrem hohen Kräfte, die sich aus Eigengewicht und Bewegungskraft im Körper zusammensetzen, erfordern ein ausgewogenes Kräftespiel. Nicht selten ist dieses gestört und führt häufig zu Symptomen wie Verspannungen und Versteifung, bis hin zu langwierigen Rückenbeschwerden, Abnutzungserscheinungen, usw.

Das WOYO-Training misst der Stabilisierung und Verbesserung der Funktionen von Rumpf, Rücken und Becken (Beckenboden) eine besonders wichtige Rolle bei!

Beckenheben

Die folgende Übung sollten Sie sehr häufig durchführen. Wir bezeichnen sie fast als »Allround-Übung« für jede Lebenslage. Die Übung hilft Rückenverspannungen zu beheben, Schulterprobleme zu lindern, Becken- und Wirbelsäulensteifigkeit zu verbessern, Beckenboden zu kräftigen.
Hilfsmittel: Ball

Ausgangsposition

- Legen Sie sich bequem auf den Rücken und stellen Sie die Beine auf. Achten Sie darauf, die Füße hüftbreit auseinander aufzustellen.
- Fersen unter die Kniekehlen
- Wichtig: Keine Unterlage für den Kopf benutzen

So kommen Sie in die Übungsposition:
- Strecken Sie die Arme seitlich aus
- Mit dem Einatmen heben Sie das Becken und die Brustwirbelsäule so weit wie möglich nach oben an
- Fersen und Großzehballen fest in den Boden drücken
- Tief und gleichmäßig ein- und ausatmen

Variante für Geübte:
- Hände unter dem Rücken zusammenbringen und verschränken
- Arme gestreckt lassen
- Brustbein so weit wie möglich nach oben herausheben
- Schulterblätter an die Wirbelsäule ziehen

Variante mit Hilfsmittel:
Platzieren Sie einen Ball zwischen die Oberschenkel oder die Knie. Während Sie die Spannung oben halten und den Rumpf hochdrücken, versuchen Sie den Ball fest zusammen zu drücken. Hierdurch vermeiden Sie, dass die Knie und Oberschenkel nach aussen ausweichen.

Empfohlene Übungszeit:
Einsteiger ca. 5 Atemzüge
Geübte bis ca. 15 Atemzüge

Als Vorbereitung können Sie diese Übung auch dynamisch, d.h. in Bewegung ausführen. Heben Sie dazu das Becken mit dem Einatmen nach oben an. Anschließend mit dem Ausatmen das Becken und den Rumpf wieder bis zum Boden absenken. Dann wieder einatmen und heben. Versuchen Sie die Übung mit langen und kräftigen Atemzügen durchzuführen. Achten Sie unbedingt darauf, dass die Knie nicht zur Seite ausweichen!

Besonders geeignet als Vorbereitung für
- Alle Stehhaltungen
- Alle Übungen die viel Kraft in den Beinen und Becken erfordern
- Alle Übungen mit Rückbeugung der Wirbelsäule

Für wen ist diese Übung besonders sinnvoll?
- Für alle Übenden
- Für alle mit Rückenproblemen
- Für alle, mit eingeschränkter Beweglichkeit in der Brustwirbelsäule und im Beckenbereich

Bei Schwangerschaft:
Diese Übung ist bei Schwangerschaft durchführbar.

Rumpf- und Beinkräftigung 1

Diese Übung fordert die Muskulatur des Rumpfes, Beckenboden, genauso wie die Beinmuskulatur.
Hilfsmittel: Ball

Ausgangsposition
- Wie dargestellt in der Rückenlage beide Beine auf dem Boden aufstellen
- Beide Füße exakt nach vorne ausrichten
- Arme ausstrecken
- Mit beiden Armen seitlich abstützen
- Den Ball zwischen den Knien einklemmen
- Beide Beine drücken mit mäßiger Kraft den Ball zusammen
- Das Becken vom Boden abheben, dabei tief einatmen

So kommen Sie in die Übungsposition:
- Ein Bein vom Boden abheben und nach vorne ausstrecken
- Beide Oberschenkel bleiben auf gleicher Höhe
- Den Atem nicht anhalten, sondern tief und lang weiterführen
- Den Ball weiterhin mit mäßiger Kraft zusammen drücken

Empfohlene Übungszeit:
Einsteiger ca. 5 Atemzüge
Geübte bis ca. 15 Atemzüge

Nachspüren
Nach der Übung sollten Sie sich unbedingt einige Atemzüge Regeneration gönnen und die Beine ausstrecken
Anschließend Seitenwechsel

Versuchen Sie mindestens 5 Atemzüge durchzuhalten. Mit der Zeit werden Sie diese Übung immer länger durchhalten können.

Besonders geeignet als Vorbereitung für
- Alle Stehhaltungen
- Rückwärtsbeugen
- Alle Übungen, die viel Kraft in den Beinen und im Becken erfordern
- Alle Übungen mit Rückbeugung der Wirbelsäule

Diese Übung ist auch geeignet
- Während der Schwangerschaft
- Bei Knieproblemen

Für wen ist diese Übung besonders sinnvoll?
- Für alle Übenden immer wieder empfehlenswert
- Vor allem für alle mit Rückenproblemen
- Für alle mit eingeschränkter Beweglichkeit in der Brustwirbelsäule und im Beckenbereich
- Für alle mit schwacher Bein-/ Beckenbodenmuskulatur

Rumpf- und Beinkräftigung 2

Durch den Einsatz der Blöcke werden Sie Ihren Oberkörper noch weiter herausheben können als Sie sich es vielleicht vorher zutrauen!

Hilfsmittel: Blöcke

Ausgangsposition

- Wie dargestellt in der Rückenlage ein Bein auf die beiden Blöcke aufstellen
- Wichtig: Blöcke sehr nah am Becken aufstellen
- Den aufgestellten Fuß ganz gerade nach vorne ausrichten
- Mit beiden Armen seitlich abstützen
- Das Becken vom Boden abheben, dabei tief einatmen
- Normal weiter atmen
- Den Fuß des anderen Beins langsam vom Boden abheben (maximal 3 cm)

So kommen Sie in die Übungsposition:

- Das freie Bein noch weiter nach oben nehmen
- Lassen Sie das Bein möglichst lange angewinkelt
- Den Atem nicht anhalten, sondern tief und lang weiteratmen
- Das untere (Stand-) Bein darf nicht zur Seite ausweichen

Nicht mit dem Hinterkopf abdrücken. Versuchen Sie stattdessen, den Nacken lang zu machen und den Kopf in eine leichte Doppelkinn-Position zu ziehen.

So führen Sie die Übung besonders intensiv durch:

- Heben Sie das Becken so weit wie möglich nach oben.
- Strecken Sie das freie Bein möglichst senkrecht nach oben.
- Schultern möglichst eng zusammen ziehen
- Brustkorb weit nach oben wölben
- Arme kraftvoll ausstrecken
- Hände breit und flach auf den Boden ausstrecken

Empfohlene Übungszeit:
Einsteiger ca. 5 Atemzüge
Geübte bis ca. 15 Atemzüge

Nachspüren
Nach der Übung sollten Sie sich unbedingt ein paar Atemzüge Regeneration gönnen und die Beine ausstrecken; anschließend Seitenwechsel.

! Bei dieser Übung darf keine Unterlage unter den Kopf/Nacken gelegt werden.

Tipp:
Genießen Sie diese wunderbar kraftvolle und energetische Übung für Beine und Beckenboden. Atmen Sie besonders tief ein und aus. Versuchen Sie tief in die Rippen zu atmen. Beobachten Sie, wie sich Ihr Brustkorb bei dieser intensiven Atmung anfühlt.

Besonders geeignet als Vorbereitung für

- Alle Stehhaltungen
- Alle Übungen, die viel Kraft in den Beinen und Becken erfordern
- Alle Übungen mit Rückbeugung der Wirbelsäule

Hinweise bei Handicaps:
Bei Knieproblemen die Knie nicht zu spitz aufstellen sondern eher etwas mehr Platz zwischen Becken und Blöcken lassen.

Bei Schwangerschaft:
Die Übung ist bei Schwangerschaft durchführbar. Ab der 16. Woche sollten die Übungen deutlich sanfter und kürzer ausgeführt werden.

Für wen ist diese Übung besonders sinnvoll?

- Für alle Übenden immer wieder empfehlenswert
- Für alle mit Rückenproblemen und mit eingeschränkter Beweglichkeit in der Brustwirbelsäule und Beckenbereich
- Für alle mit schwacher Beinmuskulatur
- Für Schwangere (Beckenbodenschwäche)
- Für Inkontinente (Blasenschwäche)

Brustkorböffnung

Die folgende Übung ist eine sanfte, aber sehr effiziente Übung zur Dehnung/Öffnung des Brustkorbs.
Hilfsmittel: Ball, Block

So kommen Sie in die Übungsposition:

- Aus der Seitenlage auf den Rücken legen
- Dabei den Ball unter die Brustwirbelsäule (Schulterblätter) platzieren
- Beide Beine aufstellen
- Kopf so unterstützen, dass das Kinn gerade nach oben gerichtet ist; der Kopf darf auf keinen Fall überstreckt nach hinten fallen
- Schultern loslassen und zum Boden sinken lassen
- Tief und lang ein- und ausatmen

Empfohlene Übungszeit:
Einsteiger ca. 5 Atemzüge
Geübte bis ca. 15 Atemzüge

Variante 1

- Beide Arme weit nach hinten ausstrecken
- Becken weiter auf dem Boden lassen
- Ganz bewusst in die Flanken des Brustkorbs (Rippenbögen) atmen
- Spüren Sie ganz bewusst, wie sich der Brustkorb bei der Atmung bewegt, bzw. wie sich die Rippen beim Einatmen öffnen und dehnen.

Variante 2

- Die Arme V-förmig schräg nach hinten legen
- Schultern, Arme, Hände ganz bewusst loslassen

Bei Schwangerschaft:
Die Übung ist bei Schwangerschaft durchführbar; ab der 18. Woche auf die Varianten mit Armen nach hinten verzichten und die Höhe der Unterstützung (Ball) reduzieren.

So kommen Sie aus der Übungsposition heraus:
Nicht nach vorne aufstehen! Rollen Sie ganz langsam auf die Seite und bleiben einen Moment in der Seitenlage liegen; den Kopf dabei abstützen. **Nachspüren**!
Erst dann langsam über die Seite aufrichten

Der Ball muss den Oberkörper exakt auf Höhe des Brustbeins unterstützen. Prüfen Sie daher ganz genau, ob der Ball zu tief (mittlerer Rücken, Lendenwirbelsäule) oder zu hoch (Halswirbelsäule, Schulterhöhe) platziert ist.
Bei Schilddrüsenüberfunktion nicht länger als 5 Atemzüge bleiben.

Tipp:
Wenn der Ball zu groß und prall ist (Dehnung zu intensiv), lassen Sie einfach etwas Luft aus dem Ball. Alternativ nehmen Sie eine angenehmere Unterstützung (Kissen, kleines Polster).

Vorbereitung für Drehhaltungen im Liegen

Mit der folgenden Übung bereiten Sie den Körper angenehm auf Drehhaltungen vor. Dabei wird der Oberkörper um seine Längsachse (Wirbelsäule) gedreht.

Hilfsmittel:
Eventuell Unterlage für den Kopf (Ball, Handtuch)

Ausgangsposition

- Auf dem Rücken liegen
- Beine anwinkeln und zum Oberkörper ziehen
- Knie im rechten Winkel (90°) beugen
- Oberkörper lang strecken

Sie können die folgende Übung dynamisch (in Bewegung) oder statisch (als reine Dehnhaltung) ausführen.

So führen Sie die Übung aus

In Bewegung:

- Beide Arme und Schultern anspannen und fest gegen den Boden drücken
- Mit dem Ausatmen Beine zur rechten Seite ablegen
- Mit dem Einatmen Beine wieder zur Mitte bringen
- Mit dem Ausatmen nun die Beine auf die andere Seite legen usw.

Empfohlene Übungsdauer:
Einsteiger ca. 5 Seitenwechsel
Geübte bis ca. 15 Seitenwechsel

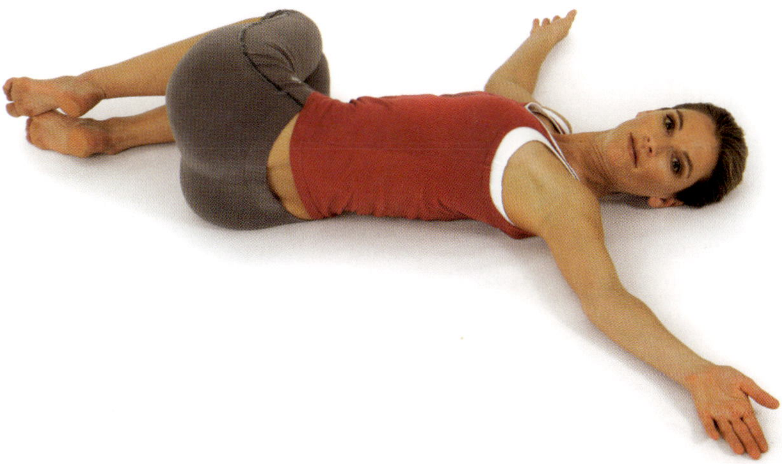

In statischer Dehnhaltung
- Beide Arme und Schultern anspannen und fest gegen den Boden drücken
- Mit dem Einatmen Beine zur rechten Seite ablegen
- Tief und lang in den Brustkorb ein- und ausatmen

Empfohlene Übungszeit:
Einsteiger ca. 5 Atemzüge
Geübte bis ca. 15 Atemzüge

Hinweise für Ihren Rücken
Achten Sie auf Ihren Rücken. Wenn Sie ein stark ausgeprägtes Hohlkreuz haben, sollten Sie die Beine prinzipiell etwas weiter nach oben zum Oberkörper hin anziehen. Umgekehrt können Sie die Beine etwas weiter vom Oberkörper wegschieben, wenn Sie einen besonders ausgeprägten Flachrücken haben (Bereich der Lendenwirbelsäule weist kaum oder gar keine Lordose/physiologisches Hohlkreuz auf).
Generell sollten Sie bei der Ausrichtung auch nach Ihrem Gefühl gehen. Wenn sich die Position im Rückenbereich gut und angenehm anfühlt, können Sie die Beinstellung beibehalten. Sollte sich ein unangenehmes oder gar schmerzhaftes Gefühl einstellen, probieren Sie eine andere Beinstellung.
Wichtig: Wenn Ihnen diese Übung unangenehm ist und Sie in keiner Position ein angenehmes Gefühl verspüren, führen sie die Übung unbedingt sanfter aus (rechts und links einen Block als Abstandhalter zum Boden platzieren) oder verzichten Sie ganz auf die Übung.

Diese Übung ist besonders gut als Ausgleichsübungen nach Rückbeugen geeignet.

Besonders geeignet als Vorbereitung für
- Drehhaltungen

Für wen ist diese Übung besonders sinnvoll?
- Für alle Übenden
- Für alle mit Rückenproblemen
- Für alle mit eingeschränkter Beweglichkeit in der Wirbelsäule und im Beckenbereich

Bei Schwangerschaft:
Diese Übung ist bei Schwangerschaft durchführbar. Bei fortgeschrittener Schwangerschaft (ab 18. Woche), sollte auf die dynamische Variante verzichtet werden und nur die statische Dehnvariante durchgeführt werden. Beine können bei Bedarf auf der Seite unterstützt werden (Block, Kissen, Polster).

Vorbereitung für Drehhaltungen im Stehen

Mit der folgenden Übung bereiten sie den Körper im Stand auf Drehhaltungen vor.
Hilfsmittel:
Blöcke als Erhöhung für die Füße

So führen Sie die Übung aus

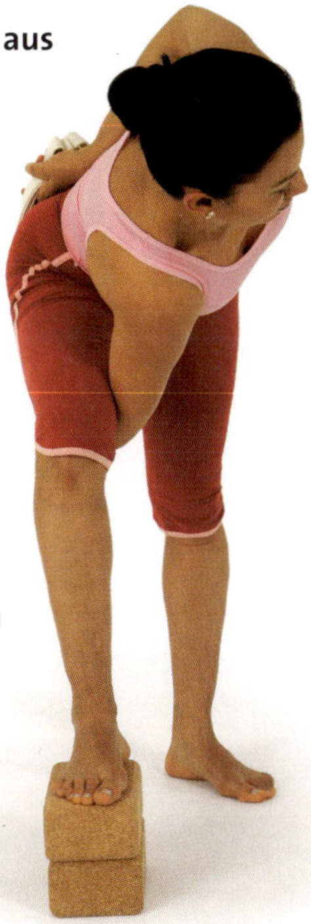

- Linken Fuß auf beide Blöcke stellen
- Rechten Fuß leicht nach hinten versetzt auf dem Boden stehen lassen
- Oberkörper nach vorne beugen und mit der linken Hand unter dem linken Oberschenkel durchgreifen
- Mit dem rechten Arm weit hinter den Rükken greifen, rechte Schulter dabei weit nach hinten ziehen
- Beide Hände zusammenführen und festhalten
- Wenn die Hände nicht zusammen kommen, den Gurt als Verbindung für die Hände nutzen
- Rechtes Bein (hinteres Bein) strecken
- Linkes Bein (vorderes Bein) auf keinen Fall zur linken Seite ausweichen lassen
- Oberkörper lang nach vorne strecken, dabei den Brustkorb zur rechten Seite aufdrehen
- Den Blick zur rechten Seite richten

Empfohlene Übungsdauer:
Einsteiger ca. 5 Atemzüge
Geübte bis ca. 15 Atemzüge
Seitenwechsel

Verbindung der Hände mit Gurt
Zu Beachten: Oberkörper seitlich aufdrehen und vorderes Bein nicht zur Seite ausweichen lassen

Seitliche Ansicht
Zu beachten: Hinteres Bein ist gestreckt

! Bevor Sie diese Übung ausführen, sollten Sie einige Dehnungsübungen für Hände, Arme und Schultern ausführen (Siehe Kapitel 2.1).

Besonders geeignet als Vorbereitung für
- Drehhaltungen

Für wen ist diese Übung besonders sinnvoll?
- Für alle Übenden
- Für alle mit Rückenproblemen
- Für alle mit eingeschränkter Beweglichkeit in der Wirbelsäule und im Beckenbereich

Bei Schwangerschaft:
Diese Übung ist bei Schwangerschaft durchführbar. Bei fortgeschrittener Schwangerschaft (ab 16. Woche), sollte die Unterstützung für den vorderen Fuß deutlich höher ausfallen (Stuhl, Hocker, o.ä.).

Bauchmuskulatur 1

Mit den folgenden Übungen trainieren Sie Ihren Rumpf und Ihre Bauchmuskulatur.
Hilfsmittel: Gurt

Ausgangsposition
- Auf den Rücken legen, beide Beine aufstellen
- Gurt so um die Oberschenkel anlegen, dass die Beine mit wenig Spielraum bewegt werden könne
- Beine vom Boden abheben, Knie im rechten Winkel beugen

So führen Sie die Übung aus
- Einatmen, Oberkörper anheben, Schultern weg vom Boden
- Bauchnabel zur Wirbelsäule ziehen
- Bei Nackenproblemen mit einem Arm den Kopf unterstützen
- Linkes Bein schräg nach vorne wegdrücken
- Rechtes Bein nach vorne zum Oberkörper anziehen
- Der Gurt wird durch die gegeneinander ziehenden Kräfte der Beine sehr straff gespannt.
- Oberkörper oben halten
- Kopf in leichte Doppelkinnposition bringen
- Tief und lang ein- und ausatmen

! Vergewissern Sie sich, dass der untere Rücken (Lendenwirbelsäulenbereich) Bodenkontakt hat. Wenn nicht: Beine weiter in Richtung Oberkörper ziehen.

Empfohlene Übungsdauer:
Einsteiger ca. 5 Atemzüge
Geübte bis ca. 15 Atemzüge

Anmerkung:
Durch die Beinarbeit mit dem Gurt als Widerstand, wird die Bauchmuskulatur sehr komplex trainiert. Spüren Sie, dass sich nicht nur die Bauchdecke spannt sondern auch der Beckenboden und die tief liegende Muskulaturschichten mit eingebunden werden. Führen Sie die Übung dreimal aus. Zwischen den Übungen ausreichend erholen und nachspüren.
Beide Beine aufstellen, Becken anheben, ein paar Atemzüge halten, wieder absenken.

Zur Beachtung für den Rücken und Nacken:
Achten Sie generell darauf, dass der untere Rücken (Lendenwirbelsäulenbereich) in der Übungsposition immer Bodenkontakt hat. Bei stark ausgeprägtem Hohlkreuz sollten die Beine prinzipiell mehr in Richtung Oberkörper angezogen werden.
Der Kopf sollte in eine leichte Doppelkinnposition gebracht werden. Nacken lang strecken.

Besonders geeignet als Vorbereitung für
- Stehhaltungen und Drehhaltungen
- Rumpfstrecker auf allen Vieren

Für wen ist diese Übung besonders sinnvoll?
- Für alle mit schwach ausgeprägter Bauch- und Beckenbodenmuskulatur
- Für alle mit eingeschränkter Beweglichkeit der Wirbelsäule und im Beckenbereich

Bei Schwangerschaft:
Diese Übung ist bei Schwangerschaft durchführbar. Allerdings sollten ab der 16. Woche Übungen für die gerade Bauchmuskulatur immer mehr reduziert werden.

Bauchmuskulatur 2

Hilfsmittel: Ball

Ausgangsposition
- Auf den Rücken legen, beide Beine aufstellen
- Ball zwischen die Oberschenkel/Knie klemmen
- Beine vom Boden abheben, Knie im rechten Winkel beugen

So kommen Sie in die Übungsposition
- Oberkörper anheben, Schultern weg vom Boden
- Bauchnabel zur Wirbelsäule ziehen
- Bei Nackenproblemen mit einem Arm den Kopf unterstützen
- Linken Arm weit nach hinten strecken
- Kopf in leichte Doppelkinnposition bringen
- Tief und lang ein- und ausatmen

Vergewissern Sie sich, dass der untere Rücken (Lendenwirbelsäulenbereich) Bodenkontakt hat. Wenn nicht: Beine weiter in Richtung Oberkörper ziehen.

So führen Sie die Übung aus
- Linken Arm nach oben strecken
- Gleichzeitig rechtes Bein nach oben strecken

Empfohlene Übungsdauer:
Einsteiger ca. 5 Atemzüge
Geübte bis ca. 10 Atemzüge

Alternativ können Sie die Übung dynamisch (in Bewegung) ausführen:
- Mit dem Ausatmen linken Arm und rechtes Bein nach oben strecken
- Mit dem Einatmen kurz halten
- Mit dem nächsten Ausatmen den linken Arm und das rechte Bein wieder beugen, gleichzeitig rechten Arm und linkes Bein nach oben strecken
- Mit dem Einatmen wieder halten, usw.
- Versuchen 10 bis 15 Seitenwechsel
- Den Oberkörper dabei mit maximaler Rumpf- und Bauchkraft oben halten

Führen Sie die Übung dreimal aus. Zwischendurch ausreichend erholen nachspüren. Beide Beine aufstellen, Becken anheben, ein paar Atemzüge halten, wieder absenken.

Besonders geeignet als Vorbereitung für
- Stehhaltungen und Drehhaltungen
- Rumpfstrecker auf allen Vieren

Für wen ist diese Übung besonders sinnvoll?
- Für alle mit schwach ausgeprägter Bauchmuskulatur
- Für alle mit eingeschränkter Beweglichkeit in der Wirbelsäule und im Beckenbereich

Bei Schwangerschaft:
Diese Übung ist bei Schwangerschaft durchführbar. Allerdings sollten ab der 16. Woche Übungen für die gerade Bauchmuskulatur immer mehr reduziert werden.

Bauchmuskulatur 3

Hilfsmittel: Ball

Ausgangsposition

- Auf den Rücken legen, beide Beine aufstellen
- Ball zwischen die Oberschenkel/Knie klemmen
- Beine vom Boden abheben, Knie im rechten Winkel beugen

So kommen Sie in die Übungsposition

- Oberkörper anheben, Schultern weg vom Boden
- Bauchnabel zur Wirbelsäule ziehen
- Bei Nackenproblemen mit einem Arm den Kopf unterstützen
- Beide Arme weit nach vorne in Richtung der Fersen ziehen
- Kopf in leichte Doppelkinnposition bringen
- Beide Oberschenkel drücken den Ball mit viel Kraft zusammen
- Tief und lang ein- und ausatmen

Empfohlene Übungsdauer:
Einsteiger ca. 5 Atemzüge
Geübte bis ca. 15 Atemzüge

! Vergewissern Sie sich, dass der untere Rücken (Lendenwirbelsäulenbereich) Bodenkontakt hat. Wenn nicht: Beine weiter in Richtung Oberkörper ziehen.

Alternativ können Sie die Übung dynamisch (in Bewegung) ausführen:

- Kommen Sie in die Übungsposition wie oben beschrieben
- Mit dem Einatmen senken sie den Oberkörper leicht zurück, aber keinesfalls auf den Boden ablegen
- Mit dem Ausatmen heben Sie den Oberkörper wieder weit nach oben.
- Führen Sie Bewegungen sehr langsam aus. Die Atmung bestimmt das Tempo der Bewegung, nicht umgekehrt.
- Versuchen Sie, 10 bis 15 Wiederholungen durchzuführen.
- Nach der letzten Wiederholung den Oberkörper langsam wieder auf den Boden ablegen
- Ausreichend lange regenerieren und nachspüren
- Wenn Sie noch genügend Kraft haben, können Sie 2 bis 3 Übungsserien wiederholen.

Besonders geeignet als Vorbereitung für

- Stehhaltungen
- Drehhaltungen
- Rumpfstrecker auf allen Vieren

Für wen ist diese Übung besonders sinnvoll?

- Für alle Übenden
- Für alle mit schwach ausgeprägter Bauchmuskulatur
- Für alle mit eingeschränkter Beweglichkeit in der Wirbelsäule und Beckenbereich

Bei Schwangerschaft:
Diese Übung ist bei Schwangerschaft durchführbar. Allerdings sollten ab der 16. Woche Übungen für die gerade Bauchmuskulatur immer mehr reduziert werden.

Training für die Taille 1

Hilfsmittel: Ball, Block, eventuell Decke (Handtuch)

Ausgangsposition
- In die Seitenlage kommen
- Mit dem oberen Arm auf dem Boden abstützen
- Ball zur Unterstützung zwischen unterem Oberarm und Kopf klemmen
- Block zwischen die Oberschenkel klemmen
- Becken gerade lassen, d.h. nicht nach vorne oder nach hinten kippen
- Ball zwischen die Oberschenkel/Knie klemmen

Empfohlene Übungsdauer:
10 bis 15 mal
Seitenwechsel

Alternativ:
- Beine anheben und halten
- 5 bis 10 Atemzüge halten

Seitenwechsel

So kommen Sie in die Übungsposition
- Beine fest anspannen und wegstrecken
- Versuchen Sie dabei mit den Oberschenkeln den Block zusammen zu drücken
- Füße anziehen und nebeneinander halten
- Beide Beine vom Boden abheben und senken, Oberkörper bleibt am Boden liegen

Variante für Geübte:
- Grundposition wie oben
- Oberkörper seitlich anheben und senken
- Beine dabei gestreckt lassen und weiterhin vom Boden abheben

Empfohlene Übungsdauer:
5 bis 15 mal
Seitenwechsel

Mit dem Körper nicht nach vorne oder hinten ausweichen. Bleiben sie ganz gerade. Beine, Oberkörper und Halswirbelsäule sind exakt in einer Linie ausgerichtet. Wenn Sie mit dem Becken nach hinten ausweichen, wird mehr die vordere, schräge Bauchmuskulatur beansprucht, aber nicht die Muskulatur der Taille.

Besonders geeignet als Vorbereitung für
- Stehhaltungen
- Drehhaltungen
- Rumpfstrecker auf allen Vieren

Für wen ist diese Übung besonders sinnvoll?
- Für alle Übenden
- Für alle mit schwach ausgeprägter Rumpfmuskulatur
- Für alle, die viel Zeit in einseitigen Haltungen verbringen (Sitzen, Stehen, vorgebeugtes Arbeiten, etc.)
- Für alle mit Rückenproblemen

Bei Schwangerschaft:
Diese Übung wird bei Schwangerschaft empfohlen – wenn sie richtig ausgeführt wird. Die seitliche Rumpfmuskulatur sollte gestärkt werden, wogegen die vordere, gerade Bauchmuskulatur bis zur Geburt kaum noch bzw. gar nicht mehr trainiert werden sollte.
Mit fortschreitender Schwangerschaft sollte die Übung nur noch als Halteübung ausgeführt werden.

Training für die Taille 2

Hilfsmittel: Ball, Block, eventuell weiche Unterlage (Handtuch)

Ausgangsposition

- In die Seitenlage kommen
- Unteres Bein anwinkeln
- Oberkörper mit dem Rippenbereich auf den Ball legen
- Unteren Arm ausstrecken und mit der Hand auf einen Block legen
- Oberen Arm parallel dazu über Kopf ausstrecken

Mit dem Körper nicht nach vorne oder hinten ausweichen. Bleiben sie ganz gerade. Beine, Oberkörper und Halswirbelsäule sind exakt in einer Linie ausgerichtet.

Die Übung ist leichter durchführbar, wenn der Block auf dem Boden gleiten kann. Sie könnten die untere Hand auch auf einem Handtuch abstützen wenn Sie beispielsweise auf einem glatten Parkettboden üben.

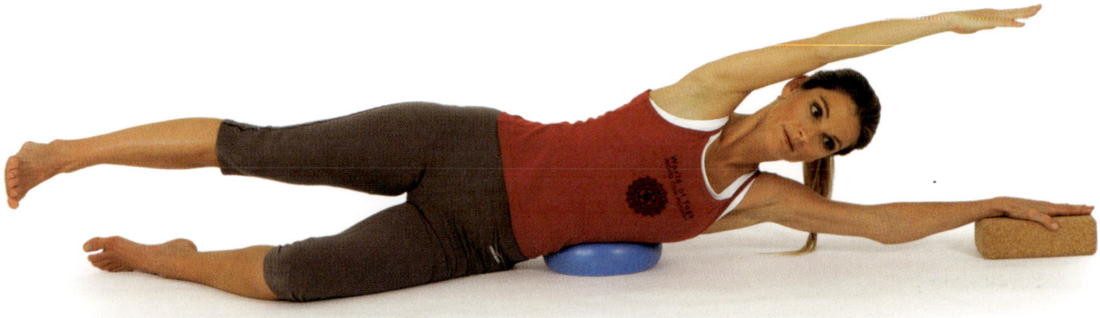

So führen Sie die Übung aus

- Mit dem Ausatmen Oberkörper dynamisch anheben
- Den unteren Arm mitziehen – der Block gleitet bei Bewegung des unteren Arms mit
- Oberes Bein bleibt ganz gerade und angespannt
- Mit dem Einatmen wieder in die Ausgangspostion zurückkommen, der untere Arm gleitet ebenfalls zurück

Besonders geeignet als Vorbereitung für
- Stehhaltungen
- Drehhaltungen
- Rumpfstrecker auf allen Vieren

Für wen ist diese Übung besonders sinnvoll?
- Für alle Übenden
- Für alle mit schwach ausgeprägter Rumpfmuskulatur
- Für alle, die viel Zeit in einseitigen Haltungen verbringen (Sitzen, Stehen, vorgebeugtes Arbeiten, etc.)
- Für alle mit Rückenproblemen

Bei Schwangerschaft:
Ab der 16. Woche sollten Sie bei Schwangerschaft besser die vorherige Übung durchführen (bessere Stabilisierung der Schulter).

Bei Schulterproblemen:
Verzichten Sie auf diese Übung bei Schulterproblemen. Falls möglich, führen Sie dafür lieber die vorherige Übung für die Taille aus (bessere Stabilisierung der Schulter).

Training für Rückbeugen 1

Die folgenden Übungen sind besonders gut geeignet als Vorbereitung für Rückbeugen. Achten Sie auf eine tiefe und möglichst gleichmäßige Atmung.

Ausgangsposition
- Wie dargestellt in Bauchlage beginnen
- Ball unter das Brustbein legen
- Arme und Schultern in Richtung der Füße wegstrecken
- Schulterblätter zur Wirbelsäule ziehen
- Innenhandfläche zeigen zueinander
- Füße auf einen Block auflegen
- Füße und Beine ausstrecken

So führen Sie die Übung aus
- Rechten Arm nach vorne strecken, den linken Arm nach hinten weg strecken
- 2-3 Atemzüge in der Position bleiben
- Wirbelsäule lang strecken
- Betonen Sie diese Streckung nach hinten und weniger das Anheben der Beine oder des Oberkörpers.
- Seitenwechsel

Empfohlene Übungsdauer:
ca. 6 bis 12 mal durchführen

Variante
- Beide Arme nach vorne ausstrecken
- Blick schräg nach vorne auf den Boden
- Der Kopf sollte nicht zu stark angehoben werden
- Versuchen Sie 3 bis zu 12 Atemzüge in der Position zu bleiben.

! Wenn Ihnen die Unterlage bei der Übung zu hart ist, legen Sie sich eine weiche Unterlage unter das Becken.

Besonders geeignet als Vorbereitung für
Rückbeugen, insbesondere für die Übungen »Heuschrecke« und »Schlange« (siehe Kapitel 3.4)

Für wen ist diese Übung besonders sinnvoll?

- Für alle Übenden
- für alle mit schwacher Rumpf- und Rückenmuskulatur
- Bei Rückenproblemen
- Für alle mit eingeschränkter Beweglichkeit in der Brustwirbelsäule und Beckenbereich

Bei Schwangerschaft:
Diese Übung ist bei Schwangerschaft nicht geeignet. Anstelle dessen sollten Übungen in der Seitenlage vorgezogen werden.

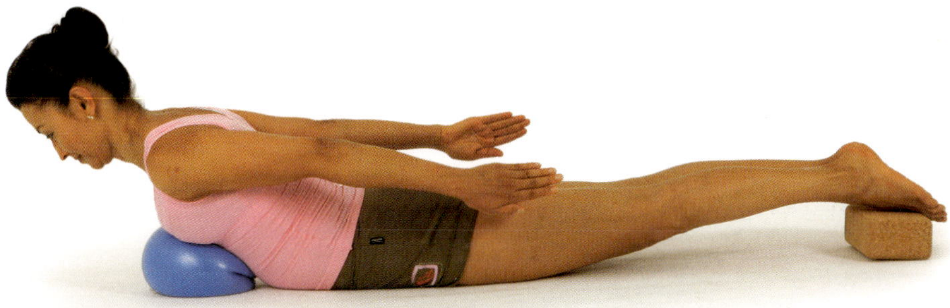

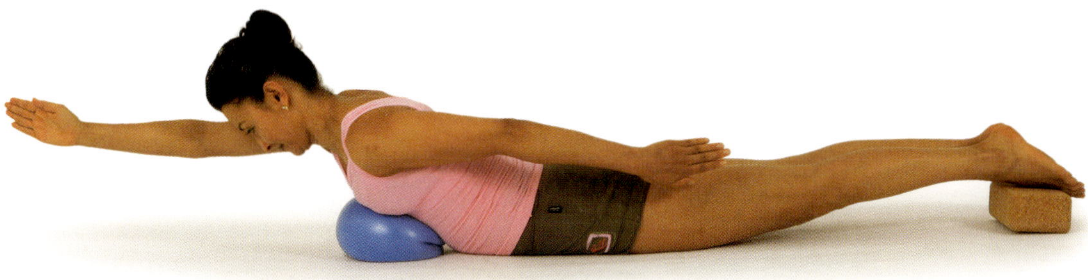

Training für Rückbeugen 2

Die folgenden Partnerübungen sind sehr angenehme Dehnübungen für Rücken und Rumpf. Wenn Sie einen Partner zum Üben haben, werden Sie die dargestellten Übungen genießen. Alternativ können Sie eine Wand benutzen.

Variante 1
HELFER:
Der Helfer steht schulterbreit vor dem Übenden; Knie so weit beugen, dass sich der Übende auf den Oberschenkeln abstützen kann.
Zur Unterstützung kann der Helfer noch die Handgelenke des Übenden umfassen und zu sich heranziehen; keinen Druck auf den Übenden bewirken.
ÜBENDER:

- Arme und Schultern nach vorne ausstrecken
- Beine ausstrecken
- Füße zusammen halten
- Kopf leicht anheben
- Blick in Richtung Knie des Helfers
- Tief und gleichmäßig durch die Nase ein- und ausatmen
- Schambein in den Boden drücken

Empfohlene Übungsdauer:
Bis zu 15 Atemzüge in der Haltung bleiben. Am Ende die Haltung langsam und sanft auflösen und noch einen Moment entspannt auf dem Bauch liegen bleiben.

Variante 2

HELFER:

Der Helfer steht wie dargestellt, hüftbreit über dem Übenden.

Fußstellung immer wieder korrigieren, so dass der Übende sich mit gestreckten Armen an den Fußfesseln festhalten kann.

Knie und Oberkörper so weit vorbeugen, dass die Schultern des Übenden gefasst werden können.

Den Oberkörper dabei lang strecken, mit beiden Hände die Schultern fassen und den Übenden langsam hochziehen.

ÜBENDER:

- Arme und Schultern nach hinten strecken und die Fußgelenke des Helfers umfassen
- Beine ausstrecken
- Füße zusammen halten
- Wenn der Helfer die Schultern nach hinten zieht, den Kopf anheben
- Blick geradeaus nach vorne richten
- Tief und gleichmäßig durch die Nase ein- und ausatmen

Empfohlene Übungsdauer:

Bis zu 15 Atemzüge in der Haltung bleiben. Am Ende die Haltung langsam und sanft auflösen und noch einen Moment entspannt auf dem Bauch liegen bleiben.

Besonders geeignet als Vorbereitung für

- Rückbeugen, insbesondere für die Übungen »Heuschrecke« und »Kobra« (Kapitel 3.4)
- Stehhaltungen, insbesondere für die Übungen Krieger 1, imaginärer Stuhl

❶ Schambein in den Boden pressen
Kleinzehen nach außen drücken
Beine weit weg dehnen

Für wen ist diese Übung besonders sinnvoll?

- Für alle Übenden
- Für alle mit schwacher Rumpf- und Rückenmuskulatur
- bei Rückenproblemen
- Für alle mit eingeschränkter Beweglichkeit in der Brustwirbelsäule und Beckenbereich

Bei Schwangerschaft:

Diese Übung ist bei Schwangerschaft nicht geeignet. An ihrer Stelle sollten Übungen in der Seitenlage vorgezogen werden.

Ich kann Sport nicht austehen!
Genau genommen habe ich Sport schon nicht gemocht, als ich noch welchen machte.
Da war ich 14 und machte lauter Dinge, die man bei jungen Menschen für förderlich hält: Hockey, Turnen, Reiten, Tennis. Warum? Schwitzen, außer es hat 35°, finde ich völlig überflüssig. Trainer, die einem nur versuchen klarzumachen, dass man die totale Null ist, offenbar in der Fehlannahme, einen damit zu Höchstleistungen zu treiben. Mannschaftsquerelen und vom Ehrgeiz zerfressene Konkurrenten, die einem schon mal »aus Versehen« den Schläger auf »die Zwölf zimmern«. Gruppendynamische Effekte waren mir immer schon suspekt. Ich bin auch nie in einer Sekte oder in einem Handarbeitsverein gewesen. Die Folge von jugendlichen Sport-Aktivitäten war, objektiv betrachtet, komplette physische und psychische Zerrüttung!
Dann begann, Gott sei Dank, die Zeit, in der man herausfand, dass man seine Freizeit durchaus anders nutzen kann! Kaum vergehen 25 Jahre, da stellt man fest, dass exzessives Ausnutzen der körperlichen Ressourcen, doch nicht ganz spurlos an einem vorüber gegangen ist. Wenn sich die Ausrichtung, auch zugegebener Maßen, etwas verlagert hat. Was früher zu viel tanzen, zu wenig Schlaf und zu viel die andere Sache war, ist heute zu viel Arbeit, zu viel sitzen, zu viel Kinder, zu viel Haushalt, zu viel Garten, zu viel Wein, viel zu viel Zigaretten, immer noch zu wenig Schlaf und im Rahmen der noch verbleibenden Kapazitäten gerade noch ausreichend die andere Sache. Zunehmend ertappte ich mich dabei, mir, wesensfremd und leicht hysterisch, Gedanken über mögliche sportliche Aktivitäten zu machen.
Glückliche Intuition brachte mich zu Woyo.
Nach der ersten Stunde war mir klar, dass ich hier richtig bin.
Was großartige Idee, genau das anzubieten, was ich gesucht habe! Ein völlig undogmatischer und sehr westlicher Zugang zu der physischen Arbeit des Yogas hat sich aufgetan. Das Anliegen, Mitteleuropäern die positiven Auswirkungen yogischer Körperarbeit zu vermitteln, hat Sonja und Peter dazu gebracht, das »Pferd von vorne aufzuzäumen« und Schritt für Schritt, unter Berücksichtigung aller uns eigenen Unzulänglichkeiten, eine Basis aufzubauen. Jedes Hilfsmittel, – Ball, Block, Gurt, Schulterplatten, Sandsack – ist gut, und nicht unfein, wenn es benötigt wird, um dem Körper die Möglichkeit eines Aha-Effekts zu geben, ohne dabei schreckliche Schmerzen leiden zu müssen. Und man hat danach auch noch alle Bänder und Sehnen! Bei WOYO wird aufs Gewissenhafteste, jeder Muskel, Wirbel, jedes Gelenk und was man sonst noch so alles hat, vorbereitet. Es kommt zu keinen spontanen Verschlingungen und jeder kann sich, im Rahmen seiner Möglichkeiten, würdevoll, seinem persönlichen Ziel annähern.
Yoga ist keine automatische Folgereaktion von WOYO.
Man kann sein Leben lang WOYO machen und ist damit vollauf beschäftigt.
Allerdings wäre es schön, wenn WOYO automatische Vorraussetzung für Yoga wäre.
Es gäbe viel weniger physiognomische Missverständnisse und Verletzungen! Der WOYO Unterricht enthält eine gute Portion Individualität für die Schüler und eine erstaunliche Gegenseitigkeit mit den Lehrern, was leider sonst meist nicht der Fall ist. Wie sie das so genau machen, auch bei einer Stunde mit 40 Leuten, habe ich noch nicht rausgefunden. Ist aber so. Ich hatte, als Reinkarnation Churchills, die ersten Wochen und Monate unglaublichen Muskelkater, an Stellen wo ich Muskeln nicht mal vermutete. Wenn man sich die Stellen und die Übungen merkt, kann man das höchst effektiv »formgebend« einsetzen. Da ich leider zu dusselig bin, um mir das zu merken, bin ich das erste halbe Jahr 4-5 mal die Woche hin. Ich!?! Das mir! Das Staunen im Umfeld war groß, dass ich mich freiwillig, freudig und vor allem kontinuierlich, körperlicher Anstrengung hingebe. Nach nunmehr einem Jahr, habe ich mich auf zweimal die Woche eingefedert. Ich kann an Stellen hinatmen, von denen ich früher dachte, sie gehören schon zum Bein, habe keine Rückenschmerzen mehr, kann mich mit kleinen Übungen sowohl wach, als auch müde machen und bekomme von Frauen, die mich definitiv nicht mögen aus Versehen Komplimente.
Nachdem ich jetzt weiß was-wie-wo-warum, bin sogar zum vergnügten »Ohmmer« geworden.
Danke Ihr!

Lisa Seitz, PR-Managerin (40)

3 WOYO-Endhaltungen

3. WOYO-Endhaltungen

Was sind WOYO-Endhaltungen?

In diesem Kapitel stellen wir Ihnen Übungen vor, die den klassischen Yoga-Übungen (Asanas) sehr nahe kommen. Teilweise sind die Übungen sogar identisch mit den Vorbildern, teilweise sind sie aber modifiziert. Bei WOYO kommt es uns nicht so sehr darauf an, dass alles ganz authentisch nach dem Schema des traditionellen Yogas geübt wird. Vielmehr legen wir Wert darauf, dass die Übungen mit möglichst geringem Risiko für Ihre Gesundheit ausgeführt werden. Daher setzen Sie bei einigen Übungen weiterhin verschiedene Hilfsmittel ein. Bei anderen Übungen führen Sie die Haltungen nicht ganz so streng oder intensiv aus wie im traditionellen Yoga.

Die dargestellten Übungen in diesem Kapitel nennen wir WOYO-Endhaltungen, da diese die finale Stufe des WOYO-Trainings darstellen.

Muss man alle WOYO-Endhaltungen erlernen?

Es ist natürlich nicht erforderlich, dass man alle Übungen beherrscht. Die Ausführung dieser Endhaltungen macht viel Freude, aber Sie sollten sich nicht mit zu viel Ehrgeiz nur auf diesen Übungsteil konzentrieren. Wenn Sie die Vorbereitungsübungen aus Kapitel 2 sorgfältig und regelmäßig üben und trainieren, wird Ihnen die Ausführung der Endhaltungen aus diesem Kapitel schon bald möglich sein.

! Schauen Sie sich die Übungen zunächst einmal in Ruhe an und beginnen Sie zunächst mit den Übungen, die Ihnen bereits vertraut sind oder die Sie sich zutrauen. Sie sollten aber auf jeden Fall zuvor einige entsprechende vorbereitende Übungen aus Kapitel 2 durchführen.

Übersicht der Übungen (Asanas)

Die Übungen können in verschiedene Gruppen eingeteilt werden. Einige Übungen passen allerdings zu mehreren Gruppen. In solchen Fällen ist die charakteristische Wirkung der Übung für die Zuordnung ausschlaggebend. Die Übungen innerhalb einer Gruppe haben meist identische oder ähnliche Wirkungen auf Körper und Geist.

Asanas im Sitzen

Die Asanas im Sitzen fördern die Konzentration und wirken beruhigend auf den Geist. Spannungen im Zwerchfell werden gelöst. Verhärtungen im Bereich des Halses/Kehle werden entspannt.

Sie verbessern außerdem:

- Beweglichkeit der Hüftgelenke und der Leisten
- Beweglichkeit der Knie und Knöchel
- Stabilität im Rumpf/Wirbelsäule

WOYO-Endhaltung
Einfacher Schneidersitz

Yoga-Endhaltung
Padmasana
Lotossitz

Asanas im Stehen

Die Asanas im Stehen kräftigen das Herz-Kreislauf-System. Der Blutstrom im Becken und in den Beinen wird verbessert.

Sie stärken, kräftigen und dehnen außerdem:

- Füße und Fußgelenke
- Beinmuskulatur
- Becken- und Gesäßmuskulatur

WOYO-Endhaltung
Dreieckshaltung
mit Unterstützung (Block)

Yoga-Endhaltung
Utthita Trikonasana
Dreieckshaltung
ohne Unterstützung

Vorwärtsbeugen

Vorwärtsbeugen wirken beruhigend für das Gemüt. Der Blutstrom im gesamten Gehirn reguliert sich, Pulsschlag und Blutdruck sinken.

Die Vorwärtsbeugen wirken regenerierend

- Für die Organe des Unterleibes
- Die Sinnesorgane
- Herz und Lunge

WOYO-Endhaltung
Einfache Vorwärtsbeuge mit Unterstützung (Block)

Yoga-Endhaltung
Uttanasana
Intensive Vorwärtsbeuge ohne Unterstützung

Rückbeugen

Alle Rückbeugen haben eine besonders intensive Wirkung auf das sympathische Nervensystem. Es wird resistenter gegen Stress. Der gesamte Organismus wird angeregt und stimuliert. Die Rückbeugen sorgen für eine Aktivierung aller Energiereserven im Körper. Sie regen außerdem die Schilddrüsenhormone an.

Außerdem sind sie hilfreich bei

- Depressionen
- Kopfschmerzen
- Bluthochdruck
- Nervosität
- Körperlicher und geistiger Erschöpfung
- Müdigkeit
- Schilddrüsenunterfunktion

WOYO-Endhaltung
Einfache Rückwärtsbeuge: Angedeuteter Bogen

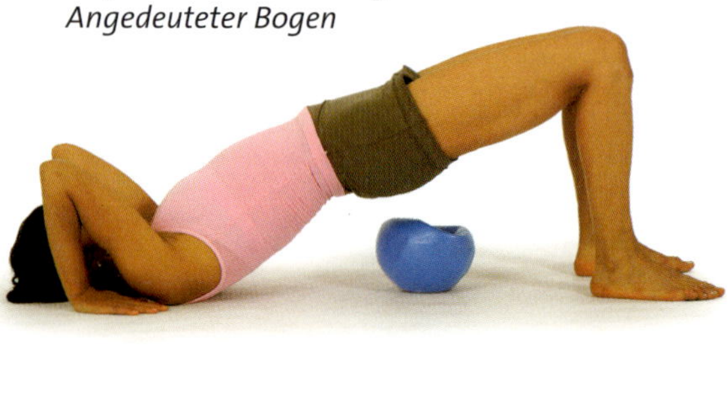

Yoga-Endhaltung
Urdhva Dhanurasana
Intensive Rückwärtsbeuge: Voller Bogen

Drehhaltungen

Durch Drehhaltungen werden die Organe des Unterleibes und der Bauchhöhle massiert sowie die Durchblutung in Rumpf und Becken gefördert. Probleme in der Wirbelsäule sowie in der Hüft- und Leistengegend werden gelindert. Entschlackungs- und Entgiftungsprozesse des Körpers werden gefördert.

Die Vorwärtsbeugen wirken regenerierend
- Flexibilität des Zwerchfells
- Beweglichkeit des Brustkorbs
- Atem- und Lungenvolumen

WOYO-Endhaltung
Gedrehtes Dreieck
mit Unterstützung (Block)

Yoga-Endhaltung
Parivrtta Trikonasana
Gedrehtes Dreieck
ohne Unterstützung

Umkehrhaltungen

Den Umkehrhaltungen wird wegen ihrer intensiven Wirkung eine besondere Rolle zuteil. Die Durchblutung von Herz, Gehirn und Lungenbereich wird stark angeregt. Die Funktion von Hypophyse und (Neben-) Schilddrüse wird positiv beeinflusst. Beschwerden des Urogenitaltrakts werden gelindert.

Die Umkehrhaltungen wirken sich besonders günstig aus auf

- Verbesserung der Konzentrationsfähigkeit
- Verbesserung des Gedächtnisses
- Stärkung des Immunsystems
- Verdauung und Stoffwechsel
- Entschlackung und Entgiftung des Körpers

WOYO-Endhaltung
Vorbereitung für den Kopfstand

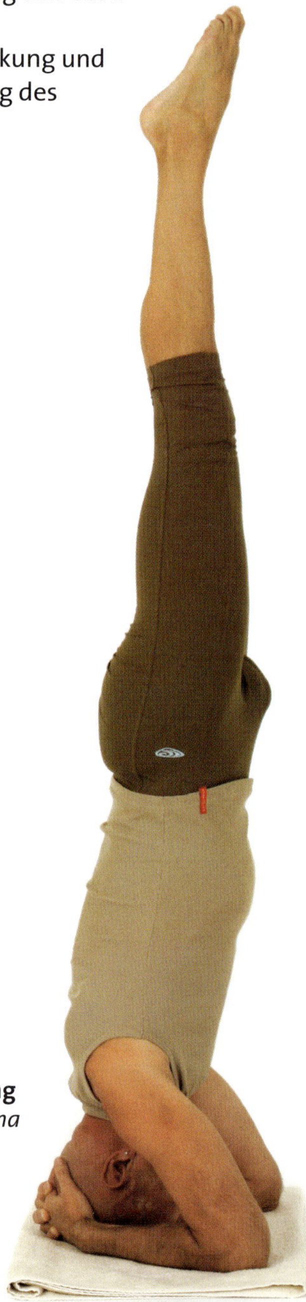

Yoga-Endhaltung
Salamba Sirsasana
Freier Kopfstand

Asanas im Liegen

Asanas im Liegen beruhigen und regenerieren den Körper und erfrischen den Geist. Zu Beginn einer Übungsreihe verleihen sie dem Körper die nötige Energie für die anstrengenden Übungen; zum Abschluss einer Übungsreihe helfen sie, Körper und Geist zu kühlen.

WOYO-Endhaltung
Dehnung der Beinrückseite mit Hilfsmittel (Gurt)

Yoga-Endhaltung
Supta Padangusthasana
Gedrehtes Dreieck ohne Unterstützung

Der Orthopäde drückte auf meinen rechten Ellenbogen,
schaute mir tief in die Augen und meinte:
»klassischer Tennisarm«.
Er gab mir eine Spritze, was nicht wirklich wirkte.
Die Physiotherapeutin sagte,
»einen Tennisarm bekommt man nicht mehr nach 40 Jahren Tennis,
eher vom täglichen Sitzen am Schreibtisch.«
Sie behandelte meinen Nacken und meinem Rücken, was wirkte.
Danach schickte sie mich zum WOYO,
was wirklich nachhaltig wirkt.

Dr. jur. Dieter Pracht, Rechtsanwalt (62)

3.1 Sitzhaltungen

Schneidersitz

Der Name in Sanskrit:
Sukhasana
Sukha = glücklich, bequem

Wirkung:
- Entspannt die Leisten
- Die Wirbelsäule wird lang und die Bauchorgane werden gestreckt
- Der Geist kommt zur Ruhe
- Konzentration und Zentrierung auf das, was kommt

Anleitung für die Grundhaltung
- Wählen Sie eine ausreichend hohe Unterlage zum Sitzen. Das Kreuzbein soll sich ohne große Anstrengung nach innen und nach oben bewegen lassen können. Den Rumpf hoch strecken, ohne den Bauch zu verspannen.
- Öffnen Sie den Brustkorb, indem Sie die Wirbelsäule in den Körper hinein und die vorderen Rippen vom Brustbein weg zur Seite bewegen. Nehmen Sie die Schultern leicht zurück. Dabei die Oberarme sinken lassen.
- Legen Sie die Hände zunächst entspannt auf den Oberschenkeln ab.
- Wenn Sie möchten, nehmen sie die Hände in eine bequeme Position. Dazu legen Sie die Hände einfach vor dem Brustbein zusammen (Im Yoga Namaste Haltung genannt).
- Lassen Sie die Schultern möglichst entspannt nach unten gleiten.

Hilfsmittel:
Eventuell Gurt, um die Knie zu fixieren. Nehmen Sie einen oder mehrere Blöcke, um hoch genug zu sitzen. Die Knie müssen sich entspannt anfühlen. Es darf sich kein unangenehmes Gefühl oder gar Schmerz in den Knien einstellen.

Wichtige Vorbereitungen für diese Haltung:
- **Kräftigung Rumpf, Rücken**
- **Mobilisierung und Dehnung Becken, Rücken**
- **Dehnung und Mobilisierung Füße und Handgelenke**

Als Variante können Sie die Hände in Form einer Schale im Schoß zusammenlegen. Hierbei sollten Schultern, Arme und Hände ganz entspannt bleiben. Diese Position hilft, Gedanken gelassener und weicher werden zu lassen.

Anmerkungen
Diese Haltung ist sehr gut geeignet, um zu Beginn einer Übungseinheit etwas Ruhe in die Gedankenwelt einkehren zu lassen. Beginnen Sie also vor dem WOYO-Training mit ein paar Atemzügen der inneren Zentrierung.

Außerdem ist die Übung gut geeignet für alle Übungen bei denen Hüfte und Becken geöffnet werden müssen, wie beispielsweise: Krieger, Baum, Dreieck, gestreckter seitlicher Winkel, etc.

Tipp:
Üben Sie diese Haltung häufig, um Steifigkeit im Becken zu verringern.

Die Knie dürfen nicht höher sein als das Hüftgelenk (ggf. die Sitzposition erhöhen!).

Die fortgeschrittene Ausführung im Yoga
Padmasana

Der Lotossitz ist eine der schwierigsten Sitzhaltungen im Yoga. Sie ist nicht für Jeden geeignet, da sie sehr stark von der Anatomie der Hüft- und Kniegelenke abhängig ist
Mit dem WOYO-Training können Sie sich auf diese schwierige Übung vorbereiten. Dabei sollten Sie aber unbedingt Ihre Grenzen erkennen und respektieren. Bei unzureichender Flexibilität in Fuß-, Knie- und Hüftgelenken besteht die Gefahr, sich die Knie ernsthaft zu verletzen.
Dieses Asana erfordert die volle Konzentration des Yogis und sollte nur unter Anleitung eines erfahrenen Yogalehrers ausgeführt werden.

Stabsitz

Der Name in Sanskrit:
Dandasana
Danda = Stab oder Stange

Wirkung:
Hilft bei verschleimten Atemwegen, kräftigt die Bauchmuskulatur, reguliert die Bauchorgane, stärkt die Rücken- und Beinmuskulatur, dehnt die Beinrückseiten. Diese Haltung wird bei arthritischen oder rheumatischen Beschwerden der Knie und Fußgelenke empfohlen.

Hilfsmittel:
Gurt zum Halten des Oberkörpers, Blöcke zum Abstützen für die Hände, Handtuch als erhöhte Sitzunterlage

Variante für Einsteiger
Anleitung für die Grundposition:
- Oberkörper aufrichten, Becken kippen
- Beine mit leicht angewinkelten Knien nach vorne auslegen
- Füße gerade aufstellen, nicht zur Seite fallen lassen
- Den Gurt um die Fußballen legen und mit den Händen halten
- Schultern tief lassen
- Oberkörper möglichst weit nach oben strecken
- Fersen gegen den Widerstand des Gurtes nach vorne wegdrücken

So kommen Sie in eine intensivere Übungsposition:
- Beine immer weiter nach vorne ausstrecken
- Nutzen Sie den Gurt, um den Oberkörper leichter aufzurichten
- Atmung tief und lang ausführen

Empfohlene Übungsdauer:
bis zu 15 Atemzüge in der Position bleiben

Wichtige Vorbereitungen für diese Haltung:
- **Intensive Dehnung der Beinrückseiten**
- **Mobilisation Becken, Rücken**
- **Kräftigung Rumpf, Schultern, Arme, Beine**
- **Dehnung Füße**

Variante für Fortgeschrittene (ohne Gurt):
- Oberkörper aufrichten
- Beine mit leicht angewinkelten Knien nach vorne auslegen
- Füße senkrecht nach oben ausrichten
- Mit beiden Händen seitlich auf den Blöcken abstützen
- Schultern tief lassen
- Kopf gerade ausrichten
- Blick über die Füße hinaus

So kommen Sie eine intensivere Übungsposition:
- Beine immer weiter nach vorne ausstrecken, der Oberkörper muss dabei aufgerichtet bleiben
- Atmung tief und lang ausführen

Empfohlene Übungsdauer:
Bis zu 10 Atemzüge in der Position bleiben

Diese Position ist für alle Haltungen geeignet, die eine hohe Stabilität im Rumpf, sowie eine intensive Dehnung der Beinrückseiten erfordern.
Falls Sie mit den Handflächen ohne Blöcke auf dem Boden aufsetzen können, lassen Sie die Blöcke einfach weg. Egal ob Sie mit oder ohne Blöcke arbeiten, die Schultern sollten immer von den Ohren weggezogen werden.
Sie müssen immer Ihr Becken nach vorne kippen können. Der Rücken darf nicht rund sein, weder in der Brust-, noch in der Lendenwirbelsäule.

Bei Rückenproblemen
Der Stabsitz gehört zweifelsohne zu den effizientesten Übungen zur Vorbeugung und Linderung von Rückenproblemen. Üben Sie diese Haltung daher in jedem Fall häufig. Beachten Sie dabei diesen Grundsatz: Beugen Sie nie aus der Taille nach vorne. Kippen Sie dafür das Becken vor und entwickel Sie daraus Länge in der Wirbelsäule. Das Becken lässt sich jedoch nur vor kippen, wenn die Muskulatur der Oberschenkelrückseite dies zulässt. Aus diesem Grund ist auch häufiges Dehnen der Beinrückseiten extrem wichtig.

Winkelsitz

Der Name in Sanskrit:
Baddha Konasana
Baddha = gebunden
Kona = Winkel
Baddha kona = geschlossener Winkel

Wirkung:
- Fördert die Durchblutung von Unterleib, Becken und Rücken
- Lindert arthritische Beschwerden in Knie, Hüfte und Becken
- Beugt Leistenbruch vor
- Fördert die Gesundheit der Eierstöcke
- Reguliert Unregelmäßigkeiten der Menstruation
- Für Schwangere sehr zu empfehlen

Hilfsmittel:
Gurt zum Fixieren der Beine / Hüften / Leisten, Blöcke (optional) zum Abstützen der Knie, Handtuch oder Blöcke, um höher zu sitzen

Vorbereitungsposition
- Unterlage zum Sitzen vorbereiten (Handtuch)
- Für die Sitzposition beide Knie anwinkeln und Beine nach außen fallen lassen
- Mit den Händen beide Füße fassen
- Seitlich zu linken Seite abrollen

Wichtige Vorbereitungen für diese Haltung:
- **Kräftigung Rumpf, Rücken**
- **Mobilisierung und Dehnung Becken, Rücken**
- **Dehnung und Mobilisierung Füße und Handgelenke**

- Den linken Oberschenkel zum Boden drücken
- Oberkörper lang lassen
- Das rechte Bein senkrecht halten und nicht nach außen wegdrücken
- Kopf nicht seitlich abknicken

Empfohlene Übungsdauer:
3-5 Atemzüge halten
Seiten mehrmals wechseln

Übungsposition mit Gurt
- Der Gurt eignet sich gut, um die Beine zu fixieren
- Gurt um den unteren Rücken und um die Füße angelegen
- Den Gurt zu Beginn noch nicht zu streng anziehen
- Aufrecht sitzen, Oberkörper lang nach oben strecken
- Brustkorb öffnen
- Wirbelsäule in den Körper hineinsaugen
- Vordere Rippen vom Brustbein weg zur Seite bewegen
- Schultern an die Wirbelsäule saugen
- Beine möglichst entspannt aus dem Hüftgelenk nach außen absinken lassen

- Die Dehnung durch auflegen der Arme auf die Beine leicht verstärken
- Lang und tief ein- und ausatmen

Empfohlene Übungsdauer

5 bis 15 Atemzüge oder mehr sind möglich

Für wen ist diese Übung besonders sinnvoll?

- Für alle mit schwacher Bauch- und Rumpfmuskulatur
- Für Schwangere sehr gut geeignet

Bei Knieproblemen sollte der Gurt kaum oder gar nicht angelegt werden (siehe auch Anmerkungen unten). Besser ist es in diesem Fall, die Knie mit Blöcken zu unterstützen. Darauf achten, dass die Fersen nicht zu nah an das Becken angezogen werden, weil dadurch die Knie sehr spitz eingerichtet wären. Außerdem Unterlage für die Sitzhöhe benutzen.

Anmerkungen

Diese Haltung ist geeignet für alle Übungen bei denen Hüfte und Becken geöffnet werden müssen, wie beispielsweise: Krieger, Baum, Dreieck, gestreckter seitlicher Winkel, etc.

Bei dieser Haltung ist auf den Außenmeniskus zu achten, da es sich um eine außerordentliche Kniebewegung handelt!

Tipp:

Üben Sie diese Haltung häufig, um Steifigkeit im Becken zu verringern.

Die Ausführung im Yoga

Baddha Konasana

Mit dem WOYO-Training können Sie sich auf diese schwierige Übung vorbereiten. Mit der Zeit lernen Sie ohne Gurt aufrecht zu sitzen und dabei die Beine mehr und mehr seitlich absinken zu lassen. Lassen Sie sich für diese Übungen Hilfe und Ratschläge von einem erfahrenen Yoga-Lehrer geben.

Heldensitz

Der Name in Sanskrit:
Virasana
Vira = Held

Wichtige Vorbereitungen für diese Haltung:
- **Kräftigung der Beine, Rumpf**
- **Mobilisierung Becken, Rücken**
- **Dehnung und Mobilisierung Füße und Handgelenke**

Hilfsmittel
Blöcke für eine höhere Sitzposition verwenden, eventuell zusätzlich ein zusammengefaltetes Handtuch als Puffer auf die Blöcke legen.
Wenn Sie sehr leicht in diese Position kommen, können Sie auf die Blöcke verzichten.
Sie könne auch ein Handtuch als Unterlage für die Knie verwenden. Bei Problemen mit dem Fußgewölbe oder Fußballen können Sie das Handtuch zur Pufferung als Unterlage nutzen.
Sie könnten auch einen zusammengelegten Gurt in den Kniekehlen platzieren. Damit wird der Gelenkspalt im Kniegelenk vergrößert und erleichtert die Kniedehnung. Als Alternative können Sie auch eine Socke ganz eng in die Kniekehle schieben.

Wirkung:
- Hilft bei Plattfüßen
- Hilft bei rheumatische Schmerzen in den Knien
- Dehnt verkürzte Oberschenkelstrecker
- Hebt die Wirbelsäule nach oben

Vorbereitung: Einseitiger Heldensitz
- Ausreichend Sitzhöhe verschaffen
- Mit beiden Sitzbeinhöckern auf einem oder zwei Blöcken sitzen
- Rechtes Bein seitlich anlegen
- Die rechte Ferse muss neben dem Becken sein, nicht auf der Ferse sitzen
- Beide Oberschenkel zusammen lassen
- Linkes Bein nach vorne ausstrecken
- Linker Fuß ist senkrecht auf gerichtet
- Oberkörper lang aufrichten
- Bauchorgane heben
- Becken nicht zu einer Seite wegkippen lassen. Wenn dies der Fall ist, muss die Sitzhöhe vergrößert = erhöht werden
- Sitzbeinhöcker zusammenziehen
- Arme gestreckt nach vorne nehmen

- Kopf gerade, Blick geradeaus
- Tief und lang ein- und ausatmen
- Die Position langsam und vorsichtig auflösen

Empfohlene Übungsdauer

5 bis 10 Atemzüge in dieser Haltung bleiben
Seitenwechsel

Variante

- Arme lang nach oben strecken
- Schultern tief lassen
- Blick gerade aus

Durch diese Variante kann der Oberkörper noch intensiver gestreckt und leichter aufgerichtet werden. Das Becken kann besser für diese Sitzhaltung ausgerichtet werden.

Für Geübte: So kommen Sie in die Übungsposition

- Beide Beine seitlich legen, wie beim einseitigen Heldensitz beschrieben
- Schienbeine weit zur Seite abspreizen
- Wadenmuskeln beidseitig mit den Daumen ausdrehen, um mehr Platz in der Kniekehle zu schaffen
- Auch hier: Fersen befinden sich seitlich vom Becken
- Sitzhöhe anpassen. Die beidseitige Dehnung ist noch intensiver und erfordert meist mehr Höhe
- Kleine Zehen fest gegen den Boden drücken
- Kreuzbein heben, unteren Rücken nach innen ziehen. Dabei die Wirbelsäule in voller Länge nach oben strecken.
- Brustbein heben
- Die Position langsam und vorsichtig auflösen

Empfohlene Übungszeit

Ca. 5 bis 15 Atemzüge
Nachspüren

Variante (wie bei einseitigem Sitz)

- Arme lang nach oben strecken
- Schultern tief lassen
- Blick gerade aus richten

Variante: In Namaste-Haltung

- Beide Handflächen vor der Brust sanft zusammenlegen
- Schultern entspannt lassen
- Tief und lang ein- und ausatmen

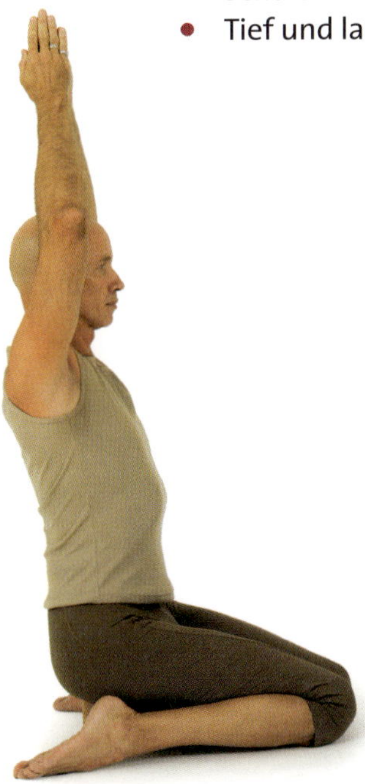

Im Anschluss an den Heldensitz ist es sehr angenehm, die Übung »nach unten schauender Hund« (Adho Mukha Svanasana) auszuführen.

Bei Knieproblemen:
Zu keinem Zeitpunkt dürfen Sie Ihre Knie schmerzhaft oder mit zu starkem Druck spüren. Eine Verbesserung der Position erreichen Sie, indem Sie die Haut mit den Händen über das Knie nach oben und mit den Fingern die Wadenmuskulatur aus der Kniekehle ziehen.
Bei Knieproblemen sollten Sie auf die Übung ganz verzichten, wenn auch die folgenden Hilfsmassnahmen kein beschwerdefreies Üben ermöglichen:

- Hoch genug sitzen – mindestens 2 Blöcke übereinander
- Übung prinzipiell nur einseitig ausführen
- Wenn es nur ein Knie mit Einschränkungen gibt: Dieses Knie schonen und die Übung nur auf der anderen Seite üben
- Besonders langsam und vorsichtig die Übungsposition einnehmen
- Nicht zu lange halten
- Besonders langsam und vorsichtig die Übungsposition wieder verlassen

Für wen ist diese Übung besonders sinnvoll?

- Für alle mit Steifheit in Oberschenkeln (Vorderseiten), Hüften und Füßen,
- Für alle mit unbeweglicher Wirbelsäule, vor allem Lendenwirbelsäule

Die Ausführung im Yoga
Virasana

Mit dem WOYO-Training können Sie sich auf diese schwierige Übung vorbereiten. Üben Sie diese intensive Dehnungsübung nur unter Anleitung eines erfahrenen Yogalehrers.

Einseitiger Winkelsitz

Der Name in Sanskrit:
Janu sirshasana
Gesprochen: »janu schirschasana«
Janu = das Knie
Shirsha = Kopf

> **Wichtige Vorbereitungen für diese Haltung:**
> - **Dehnung Becken und Beinrückseiten**
> - **Mobilisierung Becken, Rücken**

Wirkung:
- Sehr intensive Dehnung für die Flanken des Rumpfes und Öffnung des Beckens
- Obwohl die Haltung sehr einfach aussieht, erfordert sie sehr viel Konzentration, fördert daher geistige Zentrierung, exakte Ausrichtung und Disziplin.

Hilfsmittel: Gurt, Unterlage für Sitzhöhe

Ausgangsposition
- Zur Vorbereitung Sitzhöhe anpassen (Block oder Handtuch)
- Linkes Bein strecken
- Becken kippen
- Rechtes Bein anwinkeln
- Sitzbeinknochen zusammen schieben
- Fußsohle vom rechten Bein ist nach oben gerichtet und liegt nicht unter dem linken Oberschenkel
- Oberkörper aufrichten
- Unteren Rücken strecken
- Bauchorgane heben

Erst wenn der Oberkörper komplett aufgerichtet werden kann, beginnt die Ausrichtung des Oberkörpers aus dem Becken.

So kommen Sie in die Übungsposition:
- Brustbein in Richtung Fuß des gestreckten Beins drehen, dabei Oberkörper aufrecht lassen, ohne dass sich der Oberkörper nach vorne beugt

Empfohlene Übungszeit
ca. 5 bis 15 Atemzüge
Nachspüren
Anschließend Seitenwechsel

So kommen Sie in eine intensivere Übungsposition:
Erst wenn man in der Lage ist, den Oberkörper sehr weit zum gestreckten Bein auszurichten, beginnt man den Oberkörper ein wenig mehr nach unten zu dehnen. Blickrichtung ist dabei in Richtung Fuß des gestreckten Beins. Mit den Händen kann man sich am Fuß festhalten. Man dehnt sich nur so weit nach vorne, wie man es schafft, den Rücken und Oberkörper flach zu halten.

Bei Knieproblemen zur Unterstützung unter das abgewinkelte Bein ein Block oder Ball legen. Es darf kein Ziehen oder unangenehmes Gefühl im Knie entstehen.

Tipp:
Diese Haltung ist sehr anspruchsvoll und eine der schwierigsten Vorwärtsbeugen. Sie sollte sie nicht unterschätzen. Daher ist es sinnvoll, die Haltung in einzelnen Positionen/Schritten aufzubauen.

Sie sollten auf diese Übung verzichten, bzw. diese sanfter ausführen bei

- Schwangerschaft ab 28. Woche
- Akuten Knieproblemen
- Hüftproblemen
- Rückenproblemen, insbesondere im Lendenwirbelsäulenbereich

Wenn Sie bereits bei der Einrichtung der Beine Probleme mit Knien oder Becken haben, brauchen Sie auf jeden Fall Unterstützung. Von einer intensiveren Dehnung sollten Sie dann absehen!

Für wen ist diese Übung besonders sinnvoll?
- Für alle mit Steifheit im Oberkörper und in den Beinrückseiten

Die Ausführung im Yoga
Janu sirshasana

Mit dem WOYO-Training können Sie sich auf diese schwierige Übung vorbereiten. Führen Sie besonders intensive Haltungen nur unter Anleitung eines erfahrenen Yogalehrers durch.

Sitz mit Blick nach vorne

Der Name in Sanskrit:
Marichyasana I
Gesprochen: »mari tschi asana«
Marichi = ein Weiser
Parivrtta = gedreht
Im Hatha Yoga gibt es verschiedene Variationen von Marichyasana. Die hier aufgeführte Variante ist die Grundvariante und wird als Marichyasana I bezeichnet.

Wichtige Vorbereitungen für diese Haltung:
- **Mobilisierung und Kräftigung von Becken, Rücken, Rumpf, Schultern**
- **Dehnung der Beinrückseiten**

Vorbemerkung
Zum besseren Verständnis und zur besseren Vorbereitung stellen wir vor der eigentlichen Endposition noch eine Trainingsvariante in Bewegung dar.

Wirkung:
- Verbessert die Blutzirkulation der Bauchorgane
- Stärkt den unteren Rücken
- Verbessert die Beweglichkeit der Wirbelsäule und nimmt Steifheit aus den Schultern

Hilfsmittel:
Gurt, um die Hände zu fixieren; Block, für die Hände und für die Sitzhöhe (einseitig); Handtuch, um höher zu sitzen

Vorbereitung in Bewegung
Ausgangsposition
- Ausreichend Sitzhöhe verschaffen: Handtuch oder Block als Unterlage
- Linkes Bein möglichst spitz anwinkeln
- Linken Fuß möglichst nah am Becken aufsetzen
- Rechtes Bein strecken
- Rechten Fuß gerade nach oben richten

- Oberkörper aufrichten
- Block in der linken Hand weit nach oben strecken
- Lang und intensiv einatmen

- Lang und intensiv ausatmen
- Oberkörper vorbeugen
- Linken Arm nach vorne strecken
- Nach Bedarf mit der rechten Hand seitlich abstützen

- Linken Arm um das linke Bein schlingen
- Den Block hinter dem Rücken von der linken in die rechte Hand übergeben

- Ausatmungsphase ist beendet
- Übergang zum Einatmen
- Rechten Arm nach oben strecken

- Beide Arme nach oben strecken
- Oben über dem Kopf den Block von der rechten in die linke Hand übergeben
- Bewegung wieder von vorne beginnen und mit dem Ausatmen Oberkörper und linken Arm weit nach vorne bringen

Empfohlene Übungsdauer

Führen Sie diesen Bewegungszyklus bis zu 15 Wiederholungen durch.
Anschließend Seitenwechsel

❶ Bei dieser Haltung dürfen Sie die Atmung nicht vernachlässigen. Versuchen Sie daher auch in der intensivsten Phase der Übung lang und tief ein- und auszuatmen.

Tipp:

Stellen Sie den Fuß vom aufgestellten Bein nicht zu eng an den Oberschenkel des gestreckten Beins sondern lassen eine Handbreite Abstand dazwischen. Dadurch werden Sie den Oberkörper leichter nach vorne beugen können und haben mehr Platz, um den Arm um das Bein herum zu schlingen.

Sie sollten auf diese Übung verzichten, bzw. sanfter ausführen

- Während der Schwangerschaft
- Bei Knieproblemen (aufgestelltes Knie)
- Bei Rückenproblemen

Für wen ist diese Übung besonders sinnvoll?

- Für alle mit steifen Schultern
- Bei Konzentrationsschwäche

Anmerkung

Die Marichyasana Haltungen sind sehr komplex und benötigen Flexibilität im Rumpf, Becken, Rücken und Schultern. Bei der Selbstkontrolle müssen Sie darauf achten, dass Sie alle Komponenten der Dehnung gleichmäßig einsetzen. Oft ist nicht die vordere Schulter bzw. der umschlungene Arm um das vordere Bein das Problem, sondern die hintere Schulter die nicht weit genug nach hinten geöffnet werden kann.

Ausführung in statischer Haltung
Haltung mit Gurt als Hilfe
- Ausgangsposition wie oben
- Mit Hilfe eines Gurts halten Sie sich hinter dem Rücken mit beiden Händen fest
- Linker Oberarm wird fest um den linken Unterschenkel geschlungen
- Rechte Schulter weiter nach hinten bringen

Empfohlene Übungsdauer
Halten Sie diese Position bis zu 10 Atemzüge
Anschließend Seitenwechsel

Position für Geübte
- Falls Sie hinter dem Rücken mit den Händen zusammen kommen, üben Sie diese Haltung ohne Gurt
- Versuchen Sie immer weiter mit den Händen zusammen zu kommen

Empfohlene Übungsdauer
Versuchen Sie wenigstens 5 Atemzüge zu halten.
Bleiben Sie bis zu 15 Atemzügen in der Übung.

Die Ausführung im Yoga
Marichyasana

Seien Sie sehr sanft und geduldig zu Ihrem Körper wenn Sie diese schwierige Übung erlernen möchten. Mit dem WOYO-Training können Sie sich auf dieses Asana vorbereiten.

Der Reiher

Der Name in Sanskrit:
Krauncasana
Gesprochen: »kraun tschasana«
Kraunca = Reiher

Hilfsmittel:
Ein oder zwei Blöcke für die Hände oder als Sitz, Gurt zum Fixieren, Handtuch, eventuell Wand als Stütze

Wichtige Vorbereitungen für diese Haltung:
- **Mobilisierung und Kräftigung von Armen, Schultern, Rücken, Rumpf, Schultern**
- **Dehnung der Beinrückseiten**

Wirkung:
- Dehnt die Beinrückseite
- Streckt die Wirbelsäule lang
- Stärkt Lungen und Atem
- Sehr vitalisierend

Ausgangsposition
- Ausreichend Sitzhöhe verschaffen
- Gurt um den Oberkörper und den rechten Fuß anlegen
- Rechtes Bein noch nicht durchstrecken
- Linkes Bein anwinkeln und ablegen
- Blick geradeaus richten
- Bauchorgane heben

So kommen Sie in die Übungsposition:
- Oberkörper aufrichten
- Rechtes Bein so weit wie möglich strecken
- Rechten Fuß mindestens auf Schlüsselbeinhöhe bringen, falls erforderlich das rechte Knie gebeugt lassen
- Mit beiden Händen das rechte Bein ausrichten

So führen Sie die Übung besonders intensiv durch:

- Den Rumpf von den Sitzknochen aus hoch strecken; Bauch und Brustbein anheben; Kreuzbein, Lendenwirbelsäule, Nieren und hintere Rippen nach vorne und oben bewegen.
- Das Brustbein zeigt weiterhin zur Mitte des linken Schienbeins; Kopf zurücknehmen und nach oben schauen; tief ein- und ausatmen.
- Strecken Sie beide Arme zur Seite.
- Heben Sie den Oberkörper noch länger und kräftiger nach oben.
- Versuchen Sie vor allem, den unteren Rückenbereich zu strecken (nicht nach hinten durchhängen lassen).
- Atmen Sie in tiefen, langen Atemzügen ein und aus.

Nach der Übung sollten Sie sich unbedingt ein paar Atemzüge Regeneration gönnen. Seitenwechsel

Variante für Fortgeschrittene:
Nehmen Sie einen Block als Abstandhalter zwischen die Hände.

- Mit dem Einatmen die beiden Arme nach oben strecken
- In dieser Position dann gleichmäßig, tief und lang weiteratmen
- Schultern tief lassen
- Brustbein heben
- Rücken strecken

Seitenwechsel

Empfohlene Übundsdauer

Versuchen Sie wenigstens 5 Atemzüge zu halten.
Bleiben Sie bis zu 15 Atemzügen in der Übung.

❗ Wenn sich das angewinkelte Knie (unteres Bein) unangenehm anfühlt oder gar schmerzt, legen Sie unter dieses Bein eine Unterstützung (Ball, Kissen, o.ä.) oder legen Sie das Bein einfach entspannt nach vorne aus. Die Übung als solche wird dadurch wenig beeinflusst.

Tipp:
Führen Sie die Übung zweimal aus, jeweils mit Seitenwechsel. Sie werden beim zweiten Durchgang mehr Energie und Kraft verspüren als beim ersten Mal!
Der Gurt sollte ausreichend lang eingestellt sein und sich ungefähr auf Höhe des Brustbeins befinden. Bei stark verkürzten Beinrückseiten, sollte das Knie auf jeden Fall deutlich gebeugt sein.

Verzichten Sie auf diese Übung, bzw. führen Sie diese sanfter aus bei
- Leistenproblemen
- Problemen im unteren Rücken (Lendenwirbelsäule/Kreuzbein)
- Schwangerschaft

Für wen ist diese Übung besonders sinnvoll?
- Für alle mit verkürzten Beinrückseiten
- Bei Rückenproblemen
- Bei körperlicher und geistiger Mattheit

Die Ausführung im Yoga
Krauncasana

Mit dem WOYO-Training können Sie sich auf diese schwierige Übung vorbereiten. Bei unzureichender Kraft, Körperbeherrschung und Flexibilität kann die Übung in Kombination mit einer falschen Ausführung zu Verletzungen führen. Dieses Asana erfordert die volle Konzentration des Yogis und sollte nur unter Anleitung eines erfahrenen Yogalehrers ausgeführt werden.

WOYO habe ich
durch meine Tochter Marion kennen gelernt,
die selbst im Fitness- und Yogabereich nebenberuflich tätig ist.
An dieser Trainingsform begeistert mich das ganzheitliche Konzept
unter medizinischen Aspekten, das für jedes Alter
ein geeignetes Stundenprofil bietet.
Kraft, Beweglichkeit und Balance
werden gleichermaßen angesprochen,
und ich habe in eineinhalb Jahren regelmäßigen Trainings
mehr über meinen Körper erfahren
als all die Jahre zuvor bei meinen anderen Fitnessaktivitäten.
Nach jeder WOYO-Stunde gehe ich
– zwar wohlig müde –
aber dennoch beschwingt und
energiegeladen nach Hause.

Gertraud Biedermann, Bankkauffrau (60)

3.2 Stehhaltungen

Berghaltung

Der Name in Sanskrit:
Tadasana
Tada = Berg

> **Wichtige Vorbereitungen für diese Haltung:**
> - **Kräftigung der Beine, Rumpf**
> - **Mobilisierung Becken, Rücken**
> - **Balanceübungen**

Vorbemerkung
Finden Sie inneres Gleichgewicht und Zentrierung

Wirkung:
- Streckung der Wirbelsäule, Körperbalance und starke Beine
- Stabilisierung der Fußgelenke
- fehlerfrei und ausgewogen stehen.

Hilfsmittel: Gurt zum Fixieren der Beine, Block für das Üben der Innenrotation der Beine

Anleitung für die Grundhaltung
- Füße zusammen bringen, fest mit den Füßen auf dem Boden stehen
- Brustbein und Schlüsselbeine heben
- Blick geradeaus gerichtet, Unterkiefer waagerecht ausrichten
- Zehen spreizen, Beine anspannen
- Gewicht auf den Füßen gleichmäßig verteilen
- Schultern leicht zurücknehmen Steißbein nach vorne bringen
- Schulterblattspitzen leicht zusammen ziehen
- Arme und Hände entspannt lassen

Um beurteilen zu können, ob Sie auch von der Seite gesehen gerade stehen, ertasten Sie die außen an der Hüfte fühlbaren »großen Rollhügel«. Ohne die Berghaltung zu verändern, seitlich an den Beinen nach unten schauen. Die Rollhügel sollten nun senkrecht über den äußeren Fußknöcheln sein.

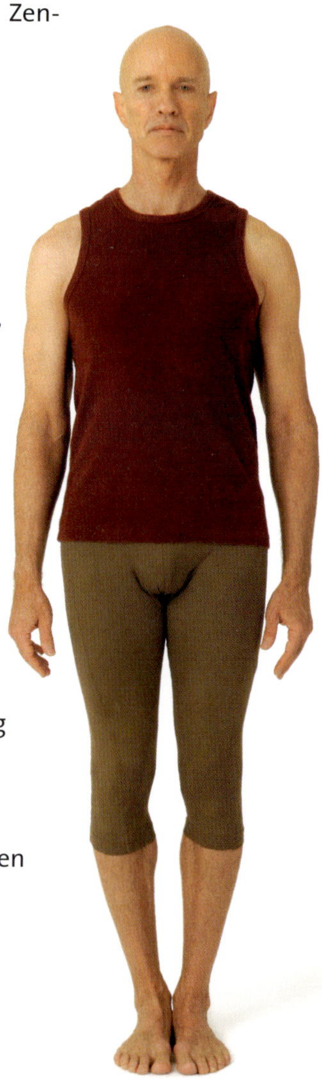

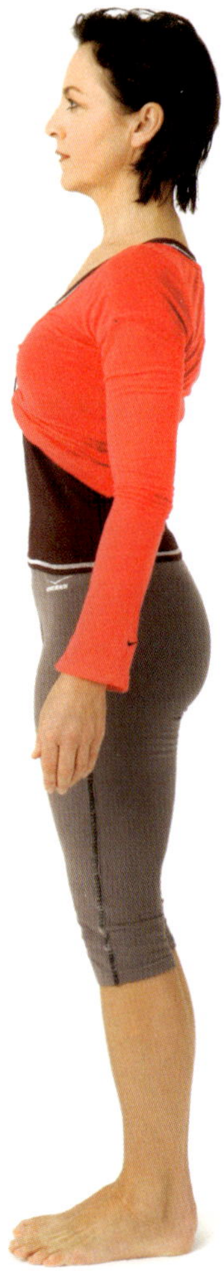

Variante mit Block

- Klemmen Sie einen Block wie dargestellt zwischen die Oberschenkel.
- Füße mit kleinem Abstand leicht geöffnet
- Spannen Sie die Oberschenkel an und versuchen Sie, den Block nach hinten zu ziehen, d.h. die Oberschenkel nach innen zu rotieren.
- Sie können die Übungen in Bewegung durchführen, d.h. die Oberschenkel mit dem Einatmen nach innen rotieren, mit dem Ausatmen nach außen rotieren.

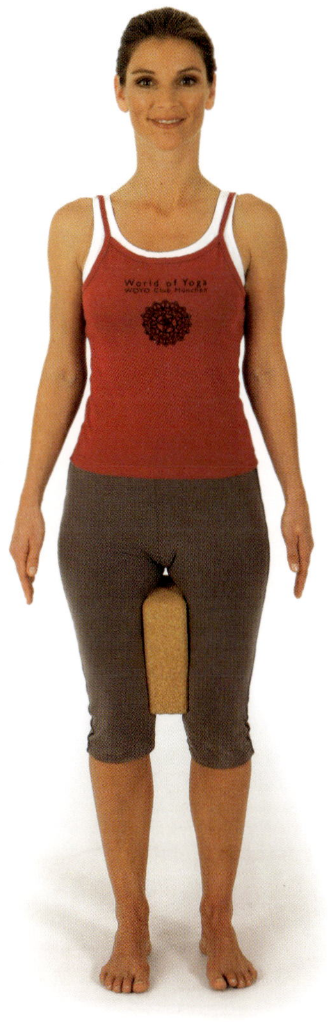

Empfohlene Übungsdauer

Ca. 15-20 Wiederholungen
Bleiben Sie beliebig lange in der Übung. Sie können dabei die Augen schließen, um die Ausrichtung von innen heraus zu spüren.

Üben Sie diese Variante regelmäßig, um eine gute Ausrichtung für Beine und Becken zu erzielen.

Anmerkung

Für diese Haltung sollten Sie sich genügend Zeit lassen. Die Aufgabe heißt »sich zentrieren«.
Die Berghaltung eignet sich sehr gut zum Nachspüren im Anschluß an anderen Stehhaltungen. Bleiben Sie also nach der Ausführung einer Stehhaltung (siehe die folgenden Übungen in diesem Kapitel) einfach für ein paar Atemzüge in der Berghaltung.

Für wen ist diese Übung besonders sinnvoll?

- Für alle Übenden
- Für Schwangere geeignet

Krieger 1

Der Name in Sanskrit:
Virabhadrasana I
Gesprochen: »wira baddra sana«

Wichtige Vorbereitungen für diese Haltung:
- **Kräftigung der Beine, Rumpf**
- **Mobilisierung Becken, Rücken**
- **Dehnung Oberschenkelvorderseite, Becken, Rücken, Rumpf, Hüftbeuger**

Vorbemerkung
Zum besseren Verständnis und zur besseren Vorbereitung stellen wir vor der eigentlichen Endposition noch zwei Trainingsvarianten dar

Wirkung:
- Vermindert Steifheit in Fußgelenken, Knien, Hüften, Rücken, Schultern und Nacken
- Kräftigt und mobilisiert alle Gelenke und Muskeln, vor allem die Beine und Füße

Hilfsmittel: Block, Ball, Handtuch

Vorbereitung 1
- Wie dargestellt Knie-Stellung einnehmen
- Rechtes Bein vorne aufstellen, linkes Knie so weit wie möglich nach hinten aufsetzen
- Das Becken möglichst tief sinken lassen
- Bei Bedarf Decke unter linkes Knie legen
- Alternativ: Bei empfindlichen Knien kann der Ball als Unterlage eingesetzt werden.

Lassen Sie sich Zeit um den Oberkörper auszurichten
- Beginnen Sie mit einem Arm, um den Rumpf leichter in die Länge zu strecken.
- Becken nach vorne schieben
- Hohlkreuz vermeiden – Unterbauch hochziehen

Empfohlene Übungszeit:
Einsteiger ca. 5 Atemzüge
Geübte bis ca. 15 Atemzüge

Vorbereitung 2

- Ausgangsposition wie oben beschrieben
- Block mit beiden Händen festhalten
- Arme nach vorne ausstrecken
- Schultern tief lassen
- Brustbein heben
- Becken nach vorne schieben
- Hohlkreuz vermeiden
- Sitzbeinknochen zusammenziehen

- Arme weiter nach oben heben
- Kopf nur ganz leicht nach hinten nehmen
- Blick in Richtung Daumen
- Wirbelsäule lang ziehen, Rumpf strecken und dadurch einer Kompression im Lendenwirbelbereich entgegenarbeiten
- Tief und lang ein- und ausatmen

Empfohlene Übungszeit:
Einsteiger ca. 5 Atemzüge
Geübte bis ca. 15 Atemzüge

So kommen Sie in die WOYO-Endhaltung

Ausgangsposition:

- Schrittstellung wie dargestellt
- Rechter Fuß zeigt gerade nach vorne
- Linker Fuß mit Ferse auf dem Block
- Rechtes Knie darf nicht zu spitz nach vorne zeigen, Ferse steht unter der Kniekehle
- Linkes Bein ist komplett gestreckt
- Gesäßmuskulatur anspannen
- Bauch leicht anziehen
- Oberkörper lang strecken
- Schultern fest an Oberkörper spannen
- Arme nach vorne strecken
- Hände und Handgelenke glatt aneinander legen
- Kopf gerade
- Blick geradeaus

Zwischenschritt

- Heben Sie die Arme schräg nach vorne.
- Schultern tief lassen
- Schultern von den Ohren wegziehen

Endhaltung

- Arme weiter anheben, maximal senkrecht nach oben strecken
- Rücken darf sich dabei nicht unangenehm oder schmerzhaft anfühlen
- Blick zu den Daumen gerichtet
- Zum Auflösen der Position mit einem kraftvollen Schritt beide Füße wieder zusammenbringen
- Dabei intensiv einatmen

Empfohlene Übungszeit:
Einsteiger ca. 5 Atemzüge
Geübte bis ca. 15 Atemzüge
Nach auflösen der Position im Stehen (Berghaltung) nachspüren
Seitenwechsel

! Führen Sie die Vorbereitungsübungen (Variante 1 oder 2, siehe Seite 106/107) zwei- bis dreimal aus, bevor Sie in die Endhaltung gehen.

Sie sollten auf diese Übung verzichten, bzw. diese sanfter ausführen

- Während der Schwangerschaft
- Bei Knieproblemen (vorderes Knie)
- Bei Rückenproblemen, insbesondere im Bereich der Lendenwirbelsäule

Diese Übung ist besonders gut geeignet

- Für Kräftigung der Bein- und Gesäßmuskulatur, Fußgelenke
- Dehnung und Kräftigung des Oberkörpers
- Zur Verbesserung der Körperbalance

Die Ausführung im Yoga

Virabhadrasana I

Mit dem WOYO-Training können Sie sich auf diese schwierige Übung vorbereiten. Sie erfordert Kraft und Flexibilität im ganzen Körper.

Krieger 2

Der Name in Sanskrit:
Virabhadrasana II
Virabhadra = Krieger aus der indischen Mythologie

Wichtige Vorbereitungen für diese Haltung:
- **Kräftigung der Beine, Rumpf**
- **Mobilisierung Becken, Rücken**
- **Beckenöffnungen**
- **Dehnung der Hüftbeuger und Füße**

Wirkung:
- Vermindert Steifheit in Fußgelenken, Knien, Hüften, Rücken, Schultern und Nacken
- Kräftigt und stärkt alle Gelenke und Muskeln, vor allem die Beine
- Zur Verbesserung der Körperbalance

Hilfsmittel: Block als Standunterstützung

Vorbereitungsübung
- Mit einem abgestützten Knie beginnen
- Rechtes Bein vorne aufgestellt
- Linkes Bein mit Knie auf dem Ball abgestützt
- Oberkörper lang strecken
- Becken nach vorne schieben

Empfohlene Übungszeit:
ca. 5 bis 10 Atemzüge
Seitenwechsel

So kommen Sie in die Übungsposition:
- Machen Sie einen großen Ausfallschritt
- Vorderes (rechtes) Bein gebeugt – maximal 90 Grad Beugung im Knie
- Rechten Fuß gerade nach vorne ausrichten
- Schrittlänge möglichst groß
- Hinteres (linkes) Bein gestreckt
- Hinteren Fuß schräg nach außen gerichtet
- Ferse auf Block aufsetzen
- Beide Oberschenkel entgegengesetzt nach außen rotieren um das Becken zu öffnen
- Flanken und Bauch heben. Durch die Spannung aus dem Bauch und Beckenboden ein senkrechtes Anheben der Wirbelsäule erzeugen.
- Oberkörper aufrichten, Brustbein und hintere Rippen heben
- Arme seitlich in Schulterhöhe strecken
- Blick nach vorne in Richtung Daumen blickend

- Zum Auflösen der Position mit einem kraftvollen Schritt beide Füße wieder zusammenbringen
- Dabei intensiv einatmen

Empfohlene Übungszeit:
ca. 5 bis 15 Atemzüge
Seitenwechsel

Nach Auflösen der Position im Stehen (Berghaltung) **nachspüren**

Anmerkungen
Um tieferes Bewusstsein (und damit mehr Leichtigkeit) zu entwickeln, empfehlen wir, die Haltung zwei- bis dreimal hintereinander zu üben.

Rückenprobleme
Bei Problemen des unteren Rückens (starkes Hohlkreuz) oder der Halswirbelsäule, kann man die Hände vor der Brust gegeneinander legen.

Diese Übung ist besonders gut geeignet
- Zur Kräftigung der Bein- und Gesäßmuskulatur
- Zur Dehnung und Kräftigung des Oberkörpers

Schwangerschaft
Die Übung kann auch während der Schwangerschaft (sanfter) ausgeführt werden, z. B. mit einem Stuhl als Unterstützung für das Becken und die vorderen Oberschenkel.

Die Ausführung im Yoga
Virabhadrasana II

Mit dem WOYO-Training können Sie sich auf diese kraftvolle Übung vorbereiten. Lassen Sie sich immer wieder von einem erfahrenen Yoga-Lehrer korrigieren – nur so können Sie die Haltung mit der Zeit verbessern.

Krieger 3

Der Name in Sanskrit:
Virabhadrasana III
Virabhadra = Krieger aus der indischen Mythologie

Wirkung:
- Vermittlung von Harmonie und Gleichgewicht
- Kraftvolle Beine
- Vermindert Steifheit in Fußgelenken, Knien, Hüften, Rücken, Schultern und Nacken
- Kräftigt und stärkt alle Gelenke und Muskeln, vor allem die Beine, Bauch und Rücken

> **Wichtige Vorbereitungen für diese Haltung:**
> - **Kräftigung und Dehnung der Beine, Rumpf**
> - **Mobilisierung Becken, Rücken**
> - **Gleichgewicht und Koordination**

Hilfsmittel: Blöcke zur Unterstützung

Ausgangsposition
- Ausfallschritt mit Block als Unterstützung – wie dargestellt (rechter Fuß vorne, linke Hand auf Block)
- Rechter Fuß (vorne) ganz exakt geradeaus richten
- Oberkörper lang gestreckt
- Hinteres Bein gestreckt

So kommen Sie in die Übungsposition:
- Rechten Arm lang nach vorne strecken um den Oberkörper noch länger auszustrecken

- Hinteres Bein heben
- Gesamten Körper mit leichtem Schwung nach vorne schieben
- Block mit der linken Hand etwas weiter nach vorne aufsetzen
- Hinteres Bein, Rumpf und vorderen Arm versuchen in eine Linie zu bringen
- Standbein (rechts) auf jeden Fall leicht gebeugt lassen
- Tief und lang ein- und ausatmen
- Zum Auflösen der Haltung wieder in den Ausfallschritt zurück kommen

Empfohlene Übungszeit:
Ca. 5 bis 15 Atemzüge
Nach Auflösen der Position im Stehen (Berghaltung) nachspüren
Seitenwechsel

Für Geübte:
- Beide Arme nach vorne strecken
- Den ganzen Körper in Balance halten

Diese Übung ist besonders gut geeignet
- Für Kräftigung der Bein- und Gesäßmuskulatur
- Verbesserung der Körperbalance, Körpergefühl
- Kräftigung des Oberkörpers

Schwangerschaft
Die Übung kann auch während der Schwangerschaft (sanfter) ausgeführt werden, z.B. mit einem Stuhl zum Festhalten für die Hände.

Die Ausführung im Yoga
Virabhadrasana III

Mit dem WOYO-Training können Sie sich auf diese schwierige Übung vorbereiten. Sie erfordert viel Körpergefühl und vereint Balance, Kraft und Flexibilität. Lassen Sie sich für diese Übung durch einen erfahrenen Yogalehrer anleiten.

Imaginärer Stuhl

Der Name in Sanskrit:
Utkatasana
Imaginärer Stuhl
Utkata = mächtig, wild, uneben

Wichtige Vorbereitungen für diese Haltung:
- **Kräftigung der Beine, Rumpf**
- **Mobilisierung Becken, Rücken**
- **Dehnung und Mobilisierung Füße, Fußgelenke, Schultern, Handgelenke**

Vorbemerkung
Zum tieferen Verständnis und zur besseren Vorbereitung stellen wir vor der eigentlichen Endposition noch zwei Trainingsvarianten dar.

Wirkung:
- Streckt die Wirbelsäule
- Kräftigt Beine und Rumpf
- Stärkt den Atem
- Fördert innere Disziplin und Willen

Hilfsmittel: Block als Unterstützung für die Fersen und als Abstandhalter für die Hände

Vorbereitung Variante 1
- Mit den Fersen auf einem Block stehen
- Mit beiden Handballen hinter dem Rücken einen Block halten, Finger wegstrecken
- Knie beugen
- Oberkörper aufrichten
- Arme strecken und Block so weit wie möglich anheben
- 5 bis 10 Atemzüge halten

Alternativ
- Block so weit wie möglich heben und senken
- 5 bis 10 Wiederholungen

Vorbereitung Variante 2
- Mit den Fersen auf einem Block stehen
- Block zwischen den Händen halten, Finger wegstrecken
- Knie beugen
- Oberkörper aufrichten
- Beide Arme nach oben heben und lang nach oben strecken
- Knie so weit beugen, wie der Oberkörper gerade bleibt
- 5 bis 10 Atemzüge halten
- Bauchorgane heben

So kommen Sie in die Übungsposition:
- Mit den Fersen auf einem Block stehen
- Knie beugen
- Oberkörper aufrichten
- Beide Arme über den Kopf ausstrecken
- Hände zusammen legen
- So tief in die Knie gehen, wie der Oberkörper aufrecht gehalten werden kann
- Ellenbogen gestreckt lassen
- Blick gerade nach vorne

Sanfte Alternative

- Arme nach vorne ausstrecken
- Schultern tief lassen

Dies ist eine gute Alternative

- Um die Übung sanfter auszuführen
- Bei Schulterproblemen
- Wenn die Kraft nachlässt

Wichtig zum Auflösen der Position:
Intensiv und lang einatmen wenn man sich wieder aufrichtet

Empfohlene Übungszeit:
ca. 5 bis 10 Atemzüge
Nach auflösen der Position im Stehen (Berghaltung)
Nachspüren

Der »Imaginäre Stuhl« erfordert sehr viel Kraft von Beinen und Rumpf. Der Atem wird dabei sehr stark und deutlich spürbar. Versuchen Sie den Atem ganz bewusst lang und tief zu führen.

Sie sollten auf diese Übung verzichten, bzw. diese sanfter ausführen bei

- Schwangerschaft: Arme nicht nach oben nehmen (siehe sanfte Variante)
- Schulterproblemen: Arme nicht nach oben nehmen (siehe sanfte Variante)

Diese Übung ist besonders gut geeignet

- Für die Verbesserung der Körperbalance
- Zur Kräftigung der Bein- und Gesäßmuskulatur und der Arme
- Zur Dehnung und Kräftigung des Oberkörpers und der Schultergelenke
- Zur Verbesserung des Atemvolumens

Die Ausführung im Yoga

Utkatasana

Mit dem WOYO-Training können Sie sich auf diese kraftvolle Übung vorbereiten. Lassen Sie sich für diese Übung durch einen erfahrenen Yogalehrer anleiten.

Dreieckshaltung

Der Name in Sanskrit:
Utthita Trikonasana
Utthita = ausgebreitet, gestreckt
Tri = drei
Kona = Winkel

Wichtige Vorbereitungen für diese Haltung:
- **Kräftigung der Beine, Rumpf**
- **Mobilisierung Becken, Rücken**
- **Beckenöffnungen**
- **Dehnung und Kräftigung der Füße und Schultergelenke**

Wirkung:
- Stärkt die Beine
- Öffnet die Hüften
- Stärkt die Fußknöchel
- Dehnt die Brustmuskulatur und die Schultern

Hilfsmittel: Block zur Stütze für den Arm und eventuell für den Fuß, Decke für die Knieabstützung

Vorbereitungsübung 1
- Wie dargestellt in die Position kommen
- Weiche Unterlage für das Knie benutzen
- Block zum Abstützen für den unteren Arm
- Gestrecktes Bein und Rumpf in eine Linie bringen
- Oberen Arm senkrecht zur Decke strecken
- Becken öffnen, indem der Oberschenkel vom gestreckten Bein nach außen rotiert

Vorbereitungsübung 2
- Gestrecktes Bein anheben
- Rumpf und gestrecktes Bein weiter in einer Linie ausrichten
- Aus eigener Kraft das gestreckte Bein aus der Hüfte heraus nach außen drehen

So kommen Sie in die Übungsposition

- In der Schrittstellung Füße ausrichten
- Vorderer Fuß (links) ganz gerade ausrichten
- Hinteren Fuß (rechts) nach vorne eindrehen (ca. 60°)
- Oberkörper lang strecken und seitlich zum vorderen Bein einbeugen
- Dabei ausatmen
- Mit dem linken Arm auf dem Block abstützen
- Rechte Hand seitlich am Rumpf auflegen
- Vorderes Bein ausdrehen, Beine von der Innen- zur Außenseite des Oberschenkels drehen (sonst bewegt es sich in die falsche Richtung)
- Hinteres Bein fest anspannen und gegenhalten (sonst dreht das Becken zu weit zum vorderen Bein)
- Vom Steißbein bis zum Kopf Wirbel für Wirbel dehnen, Nacken und Rumpf strecken, Schädel vom Nacken weg strecken
- Rechten Arm ausstrecken
- Oberkörper aufdrehen
- Blick geht zur oberen Hand
- Bei der Ausrichtung immer wieder den Rumpf lang strecken
- Vor allem die unterer Rumpfseite nicht einknicken lassen, sondern versuchen lang zu strecken
- Tief und lang atmen

Wichtig zum Auflösen der Position:

- Intensiv und lang einatmen, wenn man den Oberkörper wieder aufrichtet
- Anschließend mit einem kraftvollen Schritt die Füße wieder zusammenbringen

Empfohlene Übungszeit:
ca. 5 bis 15 Atemzüge
Nach Auflösen der Position im Stehen (Berghaltung) nachspüren
Seitenwechsel

Für wen ist diese Übung besonders sinnvoll?
- Für alle mit schwacher Beinmuskulatur
- Bei schwacher Bauch- und Rumpfmuskulatur
- Bei steifen Hüften

Bei Hyperextension (Überstreckung) im Kniegelenk, einen Block als Stütze schräg unter die Wadenmuskulatur und den Boden aufstellen.
Bei Problemen mit der Halswirbelsäule ganz besonders darauf achten, dass der Kopf nicht zu übertrieben mitgedreht wird. Stattdessen den Blick besser nach unten zum Boden richten.

Die Ausführung im Yoga
Utthita Trikonasana

Mit dem WOYO-Training können Sie sich auf diese komplexe Übung vorbereiten. Lassen Sie sich immer wieder von einem erfahrenen Yoga-Lehrer korrigieren – nur so können Sie die Haltung mit der Zeit verbessern.

Gestreckter seitlicher Winkel

Der Name in Sanskrit:
Utthita Parshvakonasana
Gesprochen: »uttitta parschwa konasana«
Utthita = ausgebreitet, gestreckt
Parshva = seitlich
Kona = Winkel

Wichtige Vorbereitungen für diese Haltung:
- **Kräftigung der Beine, Rumpf**
- **Mobilisierung Becken, Rücken**
- **Beckenöffnungen**
- **Dehnung und Kräftigung der Füße**

Wirkung:
- Stärkt die Beine und Fußknöchel
- Öffnet die Hüften
- Dehnt die Brust
- Mobilisiert die Halswirbelsäule

Hilfsmittel: Block zum Abstützen

So kommen Sie in die Übungsposition
- Große Schrittstellung einnehmen
- In der Schrittstellung Füße ausrichten
- Vorderer Fuß (links) ganz gerade ausrichten
- Hinteren Fuß (rechts) nach vorne eindrehen (ca. 60°)
- Vorderes Bein so tief wie möglich beugen
- Wichtig: Knie darf nicht spitz nach vorne stoßen (maximal 90° Beugung im Kniegelenk)

- Mit dem linken Arm auf dem Block abstützen
- Rechte Hand seitlich am Rumpf auflegen
- Schulter vom unteren Arm nicht einsinken lassen
- Rumpf vom Steißbein bis zum Kopf Wirbel für Wirbel lang strecken
- Kopf und Wirbelsäule in einer Linie ausrichten
- Oberen Arm senkrecht zur Decke strecken
- Blick geht zum oberen Daumen, dabei den Kopf nicht überdrehen
- Untere Rumpfflanke ebenfalls lang strecken
- Hintere Fußaußenkante fest in den Boden drücken
- Tief und lang atmen

Wichtig zum Auflösen der Position:
- Intensiv und lang einatmen, wenn man den Oberkörper wieder aufrichtet
- Ausatmen, dabei Oberkörper und hinteren Fuß nach vorne ausrichten, Hände in die Taille nehmen
- Einatmen und mit einem kraftvollen Schritt beide Füße wieder zusammenbringen

Empfohlene Übungszeit:
ca. 5 bis 15 Atemzüge
Nach Auflösen der Position im Stehen (Berghaltung) nachspüren
Seitenwechsel

Variante für Geübte
- Den oberen Arm jetzt als Verlängerung des gestreckten Beins und des Rumpfes ausstrecken
  - Oberkörper insgesamt noch mehr nach oben ausdrehen

- Vorderes Bein noch mehr beugen falls möglich – maximal bis 90° Winkel im Knie erreicht ist
- Fußaußenkante noch fester in den Boden drücken
- Gewicht ist hauptsächlich auf dem hinteren Bein

Für wen ist diese Übung besonders sinnvoll?
- Für alle mit schwacher Beinmuskulatur
- Bei schwacher Bauch- und Rumpfmuskulatur
- Bei steifer Hüfte

! Bei Problemen mit dem Knie, nicht zu tief in die Beugung gehen (vorderes Bein)! Bei Problemen mit der Halswirbelsäule ganz besonders darauf achten, dass der Kopf nicht zu übertrieben mitgedreht wird. Stattdessen den Blick besser nach unten richten.

Die Ausführung im Yoga
Utthita Parshvakonasana

Mit dem WOYO-Training können Sie sich auf diese komplexe Übung vorbereiten. Lassen Sie sich immer wieder von einem erfahrenen Yoga-Lehrer korrigieren – nur so können Sie die Haltung mit der Zeit verbessern.

Flankenstrecker

Der Name in Sanskrit:
Parshvottanasana
Gesprochen: »parschwottanasana«
Parshva = Seite oder Flanke
Uttan = Streckung

Wichtige Vorbereitungen für diese Haltung:
- **Kräftigung der Füße, Beine, Rumpf**
- **Intensive Dehnung der Beinrückseiten**
- **Mobilisierung Becken, Rücken**
- **Kräftigung Rumpf und Rücken**
- **Gleichgewichtsübung**

Wirkung:
- Tonisiert die tiefe Rückenmuskulatur
- Stärkt und massiert die Bauchorgane
- Stimuliert die Gallenfunktion
- Verbessert den Blutfluss zu Gehirn, Kopf, Nacken sowie zu den endokrinen Drüsen im Hals und Gehirn
- Hilfreich bei Schilddrüsenproblemen
- Hilft bei Schlaflosigkeit und Migräne
- Kräftigt und stärkt die Beinmuskeln
- Dehnt das Becken und öffnet den Bauchraum.

Hilfsmittel: Block als Unterstützung

Ausgangsposition
- Wie dargestellt aus der Berghaltung einen Schritt nach hinten machen
- Zur Vorbereitung einen Block als Unterstützung für die Ferse bereitlegen
- Fuß schräg nach vorn und außen ausrichten
- Hinteres Bein strecken
- Vorderen Fuß ganz exakt nach vorne ausrichten
- Beide Beckenhälften sind parallel ausgerichtet, dazu die Hüfte vom hinteren Bein aktiv nach vorne drücken

So kommen Sie in die Übungsposition:

- Vorderes Bein strecken
- Oberkörper heben
- Unterbauch leicht einsaugen
- Schultern zurücknehmen
- Beide Arme hinter dem Rücken verschränken, d.h. die Hände an den gegenüberliegenden Ellenbogen fassen

- Mit lang gestrecktem Oberkörper nach vorne beugen
- Dabei ausatmen
- Beine intensiv strecken

- Oberkörper so weit nach vorne strecken, wie es möglich ist dabei den Rücken absolut gerade zu lassen
- Der Rücken darf keinesfalls rund werden
- Brustbein heben
- Schultern weiterhin nach hinten ziehen
- Kraft im vorderen Fuß gleichmäßig auf den Boden übertragen, Fußgewölbe aktivieren
- Becken gerade ausrichten, vor allem die Beckenseite vom hinteren Bein nach vorne in Richtung Oberkörper schieben

Wichtig zum Auflösen der Position:

- Den Oberkörper auch beim Aufrichten ganz gestreckt lassen
- Dabei intensiv und lang einatmen
- Dann mit einem kraftvollen Schritt beide Füße wieder zusammenbringen

Empfohlene Übungszeit:

Ca. 5 bis 15 Atemzüge
Nach Auflösen der Position im Stehen (Berghaltung) nachspüren
Seitenwechsel

Für wen ist diese Übung besonders sinnvoll?

- Für alle mit steifer Beinmuskulatur
- Bei schwacher Bauch- und Rumpfmuskulatur
- Bei steifer Hüfte

Bei Problemen mit dem Knie den Oberkörper nicht zu weit nach vorne bringen und gegebenenfalls ganz leicht beugen. Zum Abstützen eventuell einen Stuhl oder eine Wand nutzen.
Bei Rückenproblemen ist ganz besonders genau darauf zu achten, dass der Oberkörper nur so weit vorgeht, wie der Rükken ganz gerade bleiben kann.

Die Ausführung im Yoga

Parshvottanasana

Bei diesem Asana sind Flexibilität und Körperbeherrschung gefordert. Mit dem WOYO-Training können Sie sich auf diese komplexe Übung vorbereiten.

Baum

Der Name in Sanskrit:
Vrksasana
Gesprochen: »vrik tschasana«
Vrksa = Baum

Wichtige Vorbereitungen für diese Haltung:
- **Kräftigung der Beine, Rumpf**
- **Mobilisierung Becken, Rücken**
- **Gleichgewicht und Balance**
- **Dehnung, Kräftigung und Mobilisierung der Füße**

Wirkung:
- Stärkt die Beine und öffnet die Hüften und Leisten
- Stabilisiert die Fußknöchel
- Vermittelt ein Gefühl des Gleichgewichts und der Ausgeglichenheit
- Trainiert die Körperbalance und verbessert die Körperstatik
- Gleicht Beckenfehlhaltungen aus

Hilfsmittel:
Eventuell Wand oder Stuhl zum Abstützen

So kommen Sie in die Übungsposition
- Aus dem Stand das rechte Bein anwinkeln und wie dargestellt über den linken Oberschenkel legen
- Beide Handflächen in Namaste Haltung vor das Brustbein bringen
- Oberkörper aufrichten
- Schultern tief lassen
- Becken ausrichten
- Fuß vom Standbein kraftvoll und bewusst für das Gleichgewicht einsetzen

Anmerkung:
Es geht hier besonders um ein gutes Bewusstsein für die Aus- und Aufrichtung des Körpers und um die Orientierung im Raum.

Die Ausführung im Yoga
Vrksasana

Balance und Körperausrichtung spielen in dieser Haltung die entscheidende Rolle. Mit dem WOYO-Training können Sie sich auf dieses Asana vorbereiten.

Seit vielen Jahren treibe ich Sport.
Doch irgendwie hatte ich immer das Gefühl, dass mir etwas fehlt.
Ich konnte nicht genau sagen was es ist, aber es schien etwas zu sein,
was sich trotz der vielen Anstrengung und Mühe nicht einstellen wollte.
Es ist schon so, dass man das Gefühl hat, etwas geleistet zu haben.
Aber ich stellte mir die Frage, ob mein Körper auch
für diese körperlichen Anstrengungen nicht einen Ausgleich braucht.
Ich begann mich für Yoga zu interessieren
und nahm an verschiedenen Stunden teil.
Es war sehr frustrierend für mich.
Obwohl ich in Anfängerstunden war,
hatte ich das Gefühl zu untalentiert und steif zu sein –
kurz gesagt ich fühlte mich fehl am Platz.

Zu WOYO bin ich eigentlich über meinen Trainingspartner
und Personaltrainer Daniel gekommen. Er animierte mich,
mir das mal anzusehen. »... das wäre bestimmt was für dich ...«.
Ich war bereits nach der ersten Stunde ein »Fan«,
denn ich wusste sofort: »Das ist es«.

Seitdem trainiere und übe ich
– zusätzlich zu meinem Kraft- und Ausdauersport –
regelmäßig WOYO und habe einen Riesen-Spaß dabei.
Und aus meiner Überzeugung von diesem Trainings-Konzept
bin ich noch einen Schritt weiter gegangen und
habe die Ausbildung zum WOYO-Instruktor absolviert.

Thomas Mailhammer
Dipl. Betriebswirt (35), WOYO-Instruktor

3.3 Vorwärtsbeugen

Der Hund, der nach unten schaut

Der Name in Sanskrit:
Adho Mukha Svanasana
Gesprochen: »ado muka schwanasana«
Adho = nach unten
Muhka = Gesicht
Svana = Hund

Wichtige Vorbereitungen für diese Haltung:
- **Kräftigung und Mobilisierung der Hände, Handgelenke, Arme, Schultern**
- **Mobilisierung Becken, Rücken**
- **Dehnung der Beinrückseiten**
- **Kräftigung der Beine, Rumpf**
- **Kräftigung und Mobilisierung der Füße und Fußgelenke**

Wirkung:
- Dehnt die Beinrückseite, kräftigt den gesamten Körper
- Beruhigend für das Herz
- Mindert Steifheit in den Schultern, Fersen und Fußgelenken
- Lindert Arthritis in den Schultern
- Müdigkeit vergeht, hebt die Stimmung
- Vitalisierung des Gehirns, des vegetativem Nervensystems
- Stärkt Arme, Handgelenke und Schultergelenke
- Macht Brustkorb und Rippen geschmeidiger

Hilfsmittel:
Blöcke: Zur Entlastung der Handgelenke

Ausgangsposition
- Die dargestellte Position einnehmen
- Arme weit nach vorne ausstrecken
- Hände in Schulterbreite flach auf die Blöcke auflegen
- Füße hüftbreit auseinander stellen
- Kopf lang aus dem Nackenbereich nach vorne ziehen

So kommen Sie in die Übungsposition:

- Arme lang strecken
- Schultern von den Ohren wegziehen
- Oberkörper komplett strecken
- Knie vom Boden abheben
- Becken nach vorne kippen (Hohlkreuz bilden)

- Becken so hoch wie möglich nach oben heben
- Kopf hängt entspannt zwischen den Armen
- Arme bleiben die ganze Zeit in maximaler Streckung
- Der Rücken wird in eine lange Streckung gebracht, runden Rücken nach oben vermeiden
- Lang und gleichmäßig ein- und ausatmen

»Der Hund, der nach unten schaut«

Dieser lange Name für das Asana, übersetzt aus dem Sanskrit, wird meist nur kurz und bündig als »der Hund« benutzt. Dies ist für Anleitungen in der Praxis leichter, aber Sie sollten wissen, dass es noch andere Hund-Positionen gibt wie z.B.: Urdhva Mukha Svanasana (»Der Hund, der nach oben schaut«).
Der Hund gehört zu den wichtigsten und dankbarsten Asanas und zwar für Einsteiger genauso wie für Fortgeschrittene. Trotz der hohen Intensität und der vielseitigen Wirkungen birgt der Hund kaum Gefahren, wirklich etwas falsch zu machen oder sich Verletzungen zuzuziehen.
Außer bei Problemen im Bereich von Schulter-Ellenbogen-Handgelenk, kann der Hund bei fast allen anderen körperlichen Einschränkungen durchgeführt werden.
Der Hund wird in Yoga-Stunden sehr häufig und variantenreich geübt. Auch im WOYO-Training fehlt der Hund natürlich nicht.

So führen Sie die Übung besonders intensiv durch (für Fortgeschrittene):

- Wenn Sie in der Lage sind, den Rücken und die Arme in einer Linie gestreckt zu halten, können Sie versuchen die Beine mehr und mehr zu strecken.
- Drücken Sie die Fersen Richtung Boden.
- Heben Sie Ihre inneren Fußgewölbe.
- Die Großzehengelenke zeigen leicht nach innen.

Empfohlene Übungsdauer

Versuchen Sie die Übung mindestens 5 Atemzüge durchzuhalten.
Geübte können 15 oder mehr Atemzüge in der Position bleiben.

Hilfsmittel / Besonderheiten

Durch den Einsatz von Blöcken können Sie den Druck auf Arme und Handgelenke reduzieren. Ihre Füße tragen so zum großen Teil das Körpergewicht. Insbesondere für Einsteiger, die noch nicht so viel Kraft in Händen, Armen und Schultern haben, ist dies eine gute Option. Aber auch bei Einschränkungen (Handgelenke, Ellenbogen) können Sie durch die Blöcke Erleichterung erfahren. Ungleiche Körperproportionen können ausgeglichen werden.

! Achten Sie auf die genaue Ausrichtung Ihrer Gelenke sowie die vollkommene Streckung des Rückens.

Tipp:
Im Hund kann man nicht nur viel Kraft und Flexibilität trainieren. Er eignet sich auch wunderbar zur Regeneration zwischen anderen, anstrengenden Übungen und Haltungen. Probieren Sie es aus. Sie werden mit der Zeit selber feststellen, nach welchen Übungen der Hund besonders wohltuend und regenerierend ist.

Besonders geeignet als Vorbereitung für
- Alle Stehhaltungen
- Alle Vorwärtsbeugen

Diese Übung ist auch geeignet bei
- Schwangerschaft
- Knieproblemen

Sie sollten auf diese Übung verzichten, bzw. sie sanfter ausführen bei
- Schultergelenkproblemen (nicht zu lange in der Endposition verbleiben)
- Handgelenkproblemen (mögliche Alternative: Abstützen auf den Unterarmen)

Besonders zu empfehlen: Der Hund bei Rückenproblemen

Bei korrekter Ausübung des Hundes wird die Wirbelsäule gestreckt und die Bandscheiben werden durch das »Gelenk-Vakum-Prinzip« regeneriert. Durch die Streckung entsteht Flüssigkeitsunterdruck – durch diesen Unterdruck wird neue Flüssigkeit von außen angesaugt und ermöglicht somit eine bessere Versorgung mit Nährstoffen.

Für wen ist diese Übung besonders sinnvoll?
- Für alle Übenden
- Für alle mit Rückenproblemen
- Bei eingeschränkter Beweglichkeit in der Wirbelsäule und im Beckenbereich
- Bei schwacher Schulter- und Armmuskulatur
- Bei Steifigkeit im unteren Rücken und auf den Beinrückseiten.

Die Ausführung im Yoga
Adho Mukha Svanasana

Durch regelmäßiges WOYO-Training können Sie diese Übung immer weiter verbessern. Der „Hund, der nach unten schaut" ist eine der dankbarsten Haltungen für den Körper und wird als Asana in allen Yoga-Übungssequenzen häufig eingebaut. Erfahrene Yogis wissen die vielschichtigen Vorteile dieser Haltung zu schätzen und führen sie immer wieder aus.

Stehende Vorwärtsbeuge

Der Name in Sanskrit:
Uttanasana
Uttan = intensive Streckung

> **Wichtige Vorbereitungen für diese Haltung:**
> **Für diese Übung sollten Sie sich immer intensiv vorbereiten.**
> - **Dehnung der Beinrückseiten, Dehnung und Mobilisation der Füße**
> - **Dehnung, Kräftigung und Mobilisation von Becken und Rücken**

Wirkung:
- Vertreibt Depressionen
- Dehnt die Oberschenkelrückseiten sehr intensiv
- Durchblutet den Kopf und beruhigt das Nervensystem

Hilfsmittel: Blöcke als Unterstützung für Hände und Arme

Ausgangsposition
- Mit beiden Füßen zwischen den Blöcken stehen
- Beine beugen, bis Sie sich mit den Ellbogen auf den Oberschenkeln abstützen können
- Rücken / Oberkörper lang strecken

So kommen Sie in die Übungsposition:
- Stützen Sie sich mit den Händen auf den Blöcken ab.
- Ziehen Sie den Oberkörper weit nach vorne.
- Bringen Sie das Gewicht mehr auf die Fersen.
- Versuchen Sie langsam das Becken zu heben, d.h. die Beine immer mehr strecken.
- Gehen Sie nur so weit, wie Sie es schaffen den Rücken lang zu lassen.

So führen Sie die Übung besonders intensiv durch:

- Bringen Sie den Oberkörper durch leichtes Vorbeugen der Wirbelsäule etwas weiter nach vorne / unten.
- Versuchen Sie dabei die Wirbelsäule weiterhin lang zu strecken.

Empfohlene Übungsdauer

Bleiben Sie in dieser maximalen Haltung nicht länger als 5 Atemzüge.
In der Variante mit gestrecktem Rücken können Sie bis zu 15 Atemzüge dehnen.

Versuchen Sie auf keinen Fall mit dem Oberkörper so tief wie möglich zu kommen. Entwickeln Sie mit der Zeit einen feinen Spürsinn dafür, wie weit Sie nach vorne gehen können und Ihrem Rücken dabei etwas Gutes tun – und nicht schädigen!

Nach der Dehnung:

- Bleiben Sie noch ein paar Atemzüge in der dargestellten Position. Stützen Sie sich dabei mit den Ellbogen stabil auf den Oberschenkeln ab.
- Rücken wieder ganz gerade halten
- Sollten Sie leichten Schwindel oder ein »schummriges Gefühl« verspüren, können Sie dies in dieser abgestützten Haltung vergehen lassen, bevor Sie sich zum Stehen aufrichten.

Lassen Sie sich nicht dazu hinreißen, zu intensiv in die Haltung zu gehen. Sie werden immer leicht etwas tiefer mit dem Oberkörper kommen, wenn Sie den Rükken nach vorne beugen. Allerdings setzten Sie damit Ihre Wirbelsäule auch einer höheren Belastung aus. Versuchen Sie lieber immer Rücken schonend zu üben und den Rücken daher lang zu strecken.

Tipp:
Führen Sie diese Übungen zwei bis dreimal durch. Versuchen Sie besonders zu Beginn der Übung sehr sanft zu dehnen. Lassen Sie sich Zeit und entwickeln Sie nicht zu viel Ehrgeiz.

Diese Übung ist auch geeignet bei **Rückenproblemen**:
Dazu müssen Sie die Übung aber ganz korrekt ausführen. Bringen Sie Ihren Rücken nur in eine Streckung, beugen Sie die Wirbelsäule nicht vor, um mit dem Oberkörper tiefer zu kommen.

Schwangerschaft:
Sanft ausführen – Rücken lang lassen – Füße weiter auseinander stellen als normal

Für wen ist diese Übung besonders sinnvoll?
- Für alle, die viel Zeit in einseitige Haltungen verbringen (Stehen, Sitzen)
- Für alle mit starken Stimmungsschwankungen

Die Ausführung im Yoga
Uttanasana

Mit dem WOYO-Training können Sie sich auf dieses intensive Asana vorbereiten. Bei unzureichender Flexibilität in den Beinrückseiten, im Becken und unteren Rücken, kann die Übung in Kombination mit einer falschen Ausführung zu Verletzungen führen. Dieses Asana verlangt dem Yogi viel Disziplin ab und sollte nur unter Anleitung eines erfahrenen Yogalehrers ausgeführt werden.

Das Boot – sanfte Ausführung

Der Name in Sanskrit:
Ardha Navasana
Ardha = halb
Nava = Boot, Dampfer

> **Wichtige Vorbereitungen für diese Haltung:**
> - **Kräftigung der Beine, Rumpf, Bauch**
> - **Mobilisierung Becken, Rücken und HWS**

Vorbemerkung
In WOYO wird nur das »halbe Boot« (»Ardha Navasana«) geübt. Im Gegensatz zur vollkommenen Bootshaltung (»Paripurna Navasana«), wird dabei der Rücken im Lendenwirbelsäulenbereich von einer extremen Kompression verschont.

Wirkung:
- Stärkt die Bauchmuskulatur
- Verschafft Erleichterung bei starken Gasen im Bauch
- Fördert besonders die Durchblutung der inneren Organe und des Beckens
- Kräftigt die Nieren

Hilfsmittel: Block zwischen die Oberschenkel (als Variante)

Ausgangsposition
- Wie dargestellt in Rückenlage
- Beine anspannen
- Füße zusammen legen und nach oben anziehen
- Kopf in Doppelkinn-Position bringen
- Oberschenkel leicht nach innen drehen

So kommen Sie in die Übungsposition:
- Arme und Schultern in Richtung der Füße spannen
- Langsam erst Kopf abheben, dann Nackenbereich und oberen Rücken vom Boden heben – Doppelkinn beibehalten
- Kinn nicht zu stark anziehen um die Halswirbelsäule nicht zu stark nach vorne zu beugen

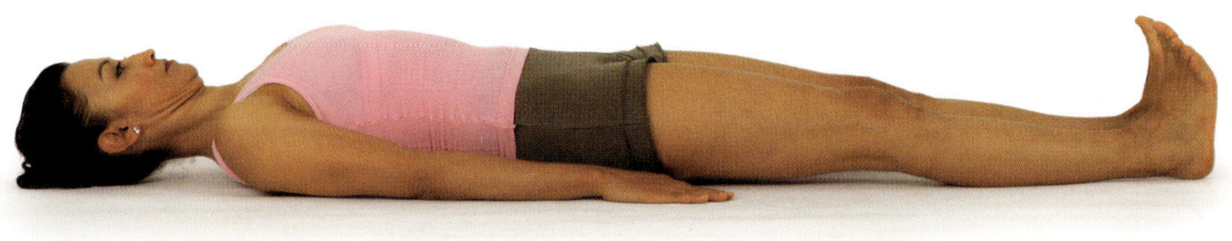

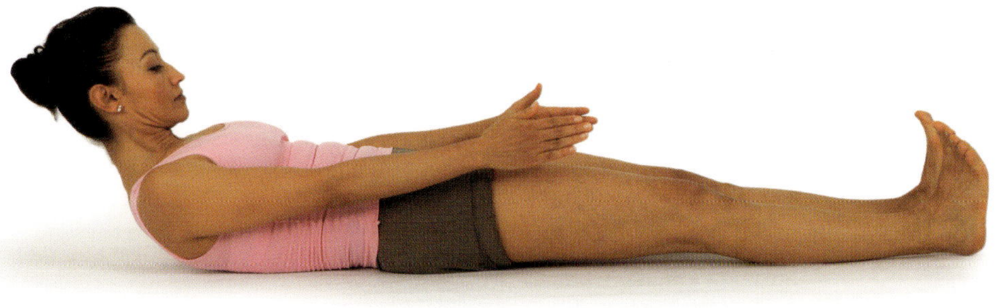

So führen Sie die Übung besonders intensiv durch:

- Oberschenkel vom Boden abheben
- Beine fest anspannen
- Fersen nach vorne wegschieben

❶ Diese Variante ist nur durchführbar, wenn der untere Rücken (Lendenwirbelbereich) Kontakt zum Boden hat. Bei starkem Hohlkreuz oder bei Rückenproblemen sollten Sie von dieser Variante Abstand nehmen!

Variante

So können Sie Beine und Beckenmuskulatur noch stärker einsetzen:

- Klemmen Sie einen Block zwischen die Oberschenkel.
- Versuchen Sie, die Beine leicht nach innen zu rotieren (»Einsaugen des Blocks«).
- Fußspitzen zueinander, Außenfersen leicht nach außen drücken
- Beine lang strecken, Füße anziehen, Fersen vom Körper wegdrücken

Empfohlene Übungsdauer

Versuchen Sie wenigstens 5 Atemzüge durchzuhalten.
Bleiben Sie bis zu 15 Atemzügen in der Übung.

Wichtig:
Die Form der Wirbelsäule spielt eine wichtige Rolle. Sollten Sie ein starkes Hohlkreuz haben, dürfen Sie die Beine nicht vom Boden abheben (siehe auch Hinweis oben). Prinzipiell sollten Sie auf jeden Fall auf Ihren Rücken »hören«. Bereits ein leichtes unangenehmes Ziehen im Bereich der unteren Wirbelsäule, sollte Sie zur Vorsicht mahnen. Wenn Sie sich bei dieser Übung unwohl fühlen, dann meiden Sie diese Übung. Es gibt genügend andere Möglichkeiten den Rumpf, insbesondere die vordere Bauchmuskulatur und die Beine zu trainieren.

Tipp:
Wenn Sie diese Übung noch nicht sehr lange halten können (maximal bis zu 5 Atemzügen), üben Sie diese Position besser in einer dynamischen Variante:

- Mit dem Ausatmen Kopf und Oberkörper heben, Arme so weit wie möglich in Richtung Füße strecken
- Mit dem Einatmen langsam wieder ablegen
- Mit dem Ausatmen wieder heben usw.
- Führen Sie die Übung ca. 8 bis 12 mal in dieser Bewegungsvariante durch

Sie sollten auf diese Übung verzichten, bzw. diese etwas sanfter ausführen bei

- Starkem Hohlkreuz
- Problemen im unteren Rücken (Lendenwirbelsäule/Kreuzbein-Darmbein-Gelenk)
- Während der Schwangerschaft

Für wen ist diese Übung besonders sinnvoll?

- Für alle mit schwacher Bauch- und Rumpfmuskulatur

Die Ausführung im Yoga

Paripurna Navasana – Das vollkommene Boot

Paripurna = ganz, vollkommen

Mit dem WOYO-Training können Sie sich auf diese schwierige Übung vorbereiten. Bei unzureichender Kraft, Körperbeherrschung oder Flexibilität kann die Übung in Kombination mit einer falschen Ausführung zu Verletzungen führen. Dieses Asana erfordert die volle Konzentration des Yogis und sollte nur unter Anleitung eines erfahrenen Yogalehrers ausgeführt werden.

Als körperbewusster Mensch
bin ich dem Trend Fitnessstudio gefolgt,
wobei ich mich aber nie besonders wohl gefühlt habe.
Die Alternative »Workoutyoga« hat mir den Einstieg
in ein mir bis dahin fremdes Körperbewusstsein erleichtert,
so dass ich mich nach einer Zeit
auch an Yoga gewagt habe.
Das regelmäßige Training bietet mir
einen sehr guten Ausgleich
zu meinem Tennis- und Laufsport
sowie ein harmonischeres Körpergefühl.
In unserer hektischen Zeit,
in der wir alle durchorganisiert sind,
kann ich WOYO unbedingt weiterempfehlen,
um zu lernen, »loszulassen«
und sich auf sich selbst zu konzentrieren –
in sich einen Ruhepol zu finden.

Barbara Berg, Architektin (41)

3.4 Rückwärtsbeugungen

Heuschrecke

Der Name in Sanskrit:
Salabhasana
Salabha = Heuschrecke

Wichtige Vorbereitungen für diese Haltung:
- **Mobilisation, Dehnung des Rumpfes und Rückens**
- **Kräftigung der Beine**
- **Kräftigung, Mobilisation von Schultern und Armen**

Wirkung:
- Weitet den Brustkorb
- Dehnt die Vorderseite der Wirbelsäule und öffnet die Bauchregion
- Stärkt die Beinvorder- und Rückseiten
- Regt den Kreislauf an, belebt den ganzen Körper und hebt die Stimmung

Hilfsmittel: Block für die Füße, Handtuch für das Becken, Ball für die Brust

Ausgangsposition
- Wie dargestellt in Bauchlage
- Stirn ablegen
- Arme und Schultern in Richtung der Füße wegstrecken
- Innenhandfläche nach oben weisend

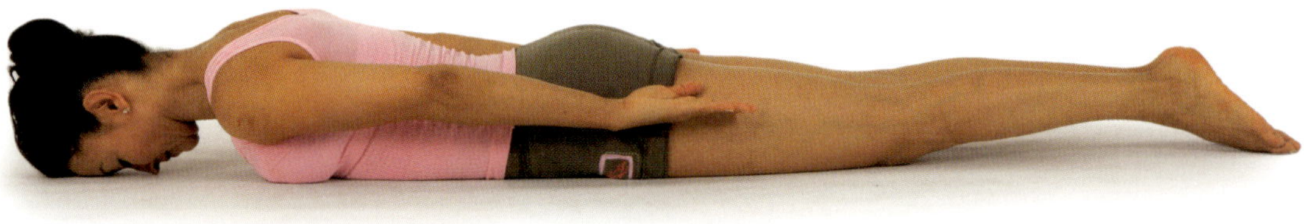

So kommen Sie in die Übungsposition:

- Brustkorb anheben
- Rippen anheben um ausreichend Platz für die inneren Organe zu schaffen
- Arme parallel zum Körper nach hinten strecken
- Handflächen weisen nach oben
- Schulterblätter in Richtung Wirbelsäule ziehen
- Beine nach hinten ausstrecken
- Gesamten Rumpf lang ausstrecken
- Schambein in den Boden drücken
- Betonen Sie die Streckung, weniger das Anheben der Beine oder des Oberkörpers.
- Den Kopf nicht zu stark anheben, Blick nach unten zum Boden gerichtet

Empfohlene Übungsdauer
Einsteiger ca. 5 Atemzüge
Geübte bis ca. 15 Atemzüge
Nachspüren

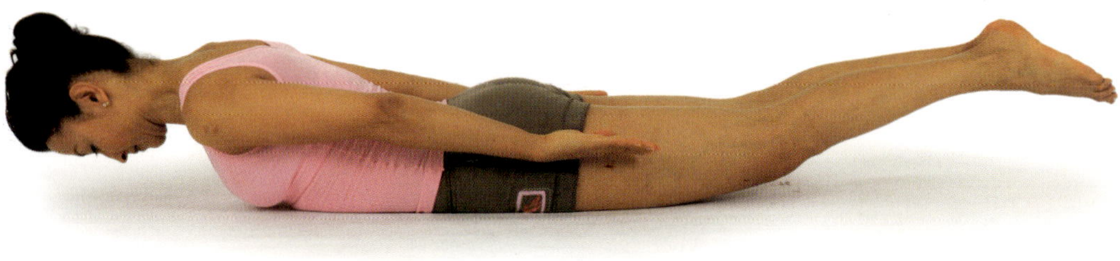

Variante mit Hilfsmitteln
Diese Übungsvariante kennen Sie bereits aus dem WOYO-Training für Rumpf, Rücken und Becken. In dieser Position kann die Heuschrecke angenehm und korrekt geübt werden. Durch die Hilfsmittel ist es möglich, eine Stauchung im unteren Rücken zu minimieren. Dafür kann der Oberkörper leichter gehoben, der Brustkorb leichter geöffnet werden.

- Bauchlage wie dargestellt
- Ball unter das Brustbein legen
- Arme und Schultern in Richtung der Füße wegstrecken
- Schulterblätter zusammenziehen
- Handflächen weisen nach oben
- Füße auf einen Block auflegen
- Oberkörper aus eigener Kraft so hoch wie möglich anheben

Bei dieser Übung geht es um die horizontale Streckung des Körpers. Die Übung erfordert viel Konzentration und Disziplin, da der ganze Körper in Spannung gebracht werden muss. Besonderes Augenmerk sollten Sie auf den unteren Rücken legen. Bei Rückbeugen passiert es allzu häufig, dass weniger der Brustkorb aufgerichtet und geöffnet wird, sondern mehr die ganz Spannung in den unteren Rücken gedrückt wird. Die Kompression im Lendenwirbelbereich müssen Sie so gering wie möglich halten!

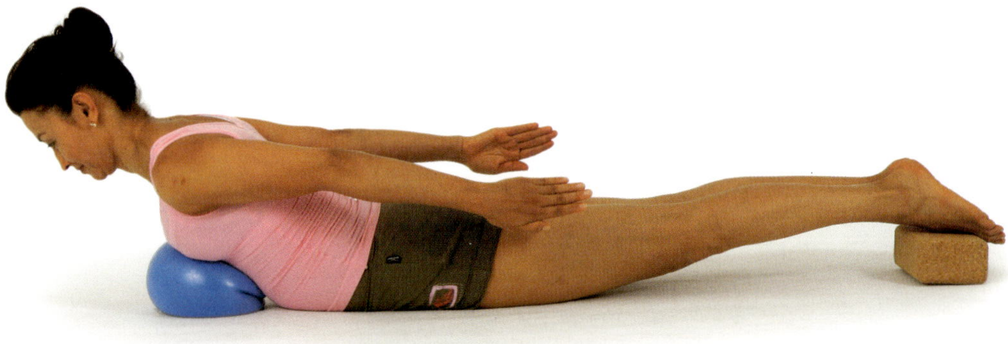

Tipp:
Üben Sie zunächst die Variante ohne Hilfsmittel (siehe oben) und konzentrieren sich dabei auf die horizontale Streckung. Wenn Ihnen dies gut gelingt, führen Sie anschließend die Variante mit den Hilfsmitteln durch.

Sie sollten auf diese Übung verzichten, bzw. diese sanfter ausführen bei
- Problemen im unteren Rücken (Lendenwirbelsäule/Kreuzbein)
- Schwangerschaft

Für wen ist diese Übung besonders sinnvoll?
- Für alle, die viel in vorgebeugter Haltung sitzen oder stehen
- Bei Atemproblemen
- Bei schwacher Rückenmuskulatur

Die Ausführung im Yoga
Salabhasana

Mit dem WOYO-Training können Sie sich auf diese anspruchsvolle Übung vorbereiten. Bei unzureichender Kraft und Körperbeherrschung kann die Übung in Kombination mit einer falschen Ausführung zu starken Verspannungen im unteren Rücken führen.

Schlange – Kobra

Der Name in Sanskrit:
Bhujangasana
Bhujanga = Schlange, Kobra

Wichtige Vorbereitungen für diese Haltung:
- **Mobilisation, Dehnung des Rumpfes und Rückens**
- **Kräftigung Beine**
- **Kräftigung, Mobilisation der Schultern und Arme**
- **Kräftigung, Mobilisation, Dehnung der Hände, Hand- und Schultergelenke**

Wirkung:
- Weitet den Brustkorb, dehnt die Wirbelsäule (besonders den unteren Rücken)
- Öffnet die Bauchregion
- Stärkt die Nebennieren – dort wird die Abgabe des aktivierenden Hormons Adrenalin reguliert
- Regt besonders Leber, Gallenblase, Milz und Pankreas an

Hilfsmittel: Handtuch als Unterlage unter dem Becken

So kommen Sie in die Übungsposition:
- Auf den Bauch legen, Bauch ausdehnen
- Schambein in den Boden drücken
- Brustkorb anheben, Rippen ein wenig weiter nach vorne ziehen – dies schafft Platz für die inneren Organe
- Die Ellenbogen anwinkeln und zu die Rippen ziehen
- Die Hände neben der Taille gespreizt aufsetzen
- Schulterblätter in Richtung Hüfte ziehen und fest an den Rücken saugen
- Beine nach hinten strecken
- Wirbelsäule nach vorne ziehen
- Betonung dieser Streckung, weniger das Anheben des Oberkörpers
- Beine und Füße fest in den Boden drücken
- Fersen leicht nach außen drücken
- Beine ganz bewusst auf der Vorder- und Rückseite ausstrecken
- Knie intensiv strecken und spannen
- Der Bereich des Kreuzbeines sollte sich dabei in Richtung Füße bewegen, um Länge im Rücken zu entwickeln

Empfohlene Übungsdauer
Einsteiger ca. 5 Atemzüge
Geübte bis ca. 15 Atemzüge
Nachspüren

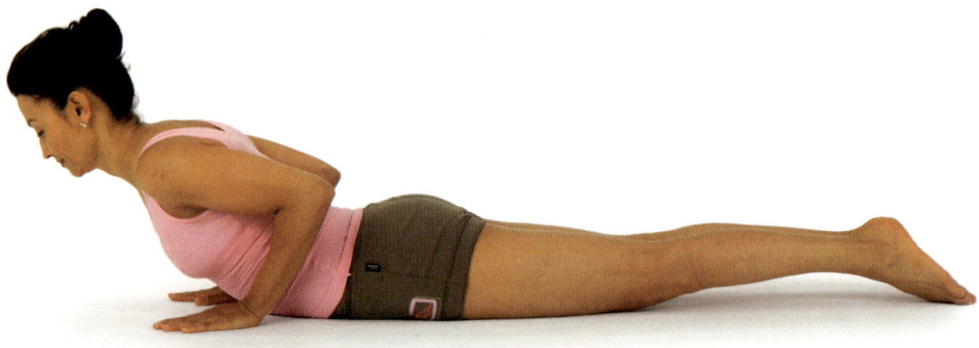

Die Form Ihrer Wirbelsäule spielt eine wichtige Rolle. Sollten Sie ein starkes Hohlkreuz haben, heben Sie die Beine auf keinen Fall vom Boden ab (siehe auch Hinweis links). Prinzipiell sollten Sie auf Ihren Rücken »hören«. Bereits ein leicht unangenehmes Ziehen im Bereich der unteren Wirbelsäule, sollte Sie zur Vorsicht mahnen. Wenn Sie sich bei dieser Übung unwohl fühlen, dann meiden Sie diese Übung. Es gibt genügend andere Möglichkeiten den Rumpf, insbesondere die vordere Bauchmuskulatur und die Beine zu trainieren.

Tipp:
Wenn Sie diese Übung nicht sehr lange halten können (maximal bis zu 5 Atemzügen), üben Sie diese Position besser in einer dynamischen Variante:

- Mit dem Ausatmen Kopf und Oberkörper heben, Arme so weit wie möglich Richtung Füße strecken
- Mit dem Einatmen langsam wieder ablegen
- Mit dem Ausatmen wieder heben usw.
- Führen Sie die Übung ca. 8 bis 12 in dieser Bewegungsvariante durch.

Sie sollten auf diese Übung verzichten, bzw. diese sanfter ausführen bei
- Problemen im unteren Rücken (Lendenwirbelsäule/Kreuzbein)
- Schwangerschaft

Für wen ist diese Übung besonders sinnvoll?
- Für alle mit schwacher Rücken- und Rumpfmuskulatur

Die Ausführung im Yoga
Bhujangasana

Mit dem WOYO-Training können Sie sich auf diese anspruchsvolle Übung vorbereiten. Bei unzureichender Kraft, Körperbeherrschung und Flexibilität kann die Übung bei falscher Ausführung zu Verletzungen führen. Dieses Asana erfordert die volle Konzentration des Yogis und sollte nur unter Anleitung eines erfahrenen Yogalehrers ausgeführt werden.

Rumpfstrecker auf allen Vieren

Der Name in Sanskrit:
Chaturanga dandasana
Gesprochen: »tschatu ranga dandasana«
Chatur = vier
Anga = Gliedmaße
Danda = Stab, Stange

Wichtige Vorbereitungen für diese Haltung:
- **Kräftigung Beine, Rumpf, Schultern und Bauch**
- **Mobilisation Becken, Rücken, Handgelenke, Schultern**
- **Kraft in Armen, Schultern, Oberkörper, Beinen**

Wirkung:
- Kräftigt die Arme, Schultern, Rumpf und Beine
- Verbessert die Beweglichkeit der Handgelenke
- Stärkt die Bauchorgane

Hilfsmittel: Zwei Blöcke für die Handgelenke, Ball für die Brust, Handtuch für die Knie

Ausgangsposition
- In die Ausgangsposition kommen wie dargestellt
- Mit den Händen von den Blöcken wegstrecken
- Rumpf nach vorne schieben bis die Schultern senkrecht über den Händen stehen
- Auf gestreckten Armen abstützen
- Hände möglichst großflächig und flach auf den Blöcken auflegen
- Brustkorb nicht nach unten durchhängen lassen
- Schulterblätter ganz fest an die hinteren Rippen vom Brustkorb ansaugen
- Bauchorgane heben

So kommen Sie in die Übungsposition:

- Arme langsam beugen
- Ellenbogen nicht nach außen weichen lassen
- Hals und Kopf nach vorne strecken
- Kopf gerade lassen, Blick nach unten
- Rücken nicht durchhängen lassen
- Gesäß fest machen
- Oberkörper ganz absenken bis in waagerechte Position
- Dabei ausatmen
- Ellenbogen intensiv an die Rippen drücken
- Unterbauch leicht nach innen saugen
- Tief und lang ein- und ausatmen

Empfohlene Übungsdauer
Einsteiger ca. 5 Atemzüge
Geübte bis ca. 15 Atemzüge
Nachspüren

Zum Auflösen der Position wieder nach hinten wegdrücken und in die Ausgangsposition kommen. Dabei tief einatmen.
Falls die Kraft dazu fehlt, etwas Schwung nehmen oder ganz absetzen und über die Seite abrollen.

So führen Sie die Übung besonders intensiv durch:

- Beine auslegen
- Füße aufstellen
- Fersen nach hinten strecken
- Beine strecken
- Ganzen Körper wie einen Stab in Spannung halten
- Tief und lang ein- und ausatmen

Besonderheiten

Dadurch dass sich die Blöcke unter den Händen befinden, können Sie mehr Gewicht in die Beine und Füße verlagert werden. So entlasten Sie Arme und Schultern spürbar. Ein Ball unter dem Dekolleté entlastet ebenfalls Arme und Schultern.

Bei nachlassender oder noch nicht ausreichender Kraft in Oberkörper und Armen sollten Sie unbedingt die Knie aufsetzen. Dies gilt auch während der Schwangerschaft.
Bei empfindlichen Handgelenken nicht zu lange in der Haltung bleiben.

Alternativ können Sie die Übung zur Schonung Ihrer Handgelenke auch auf die Unterarme gestützt ausführen.

Für wen ist diese Übung besonders sinnvoll?

- Für alle mit schwacher Bauch- und Rumpfmuskulatur
- Für alle, die ihre Haltung verbessern wollen

Die Ausführung im Yoga
Chaturanga dandasana

Mit dem WOYO-Training können Sie sich auf diese kraftvolle Übung vorbereiten.

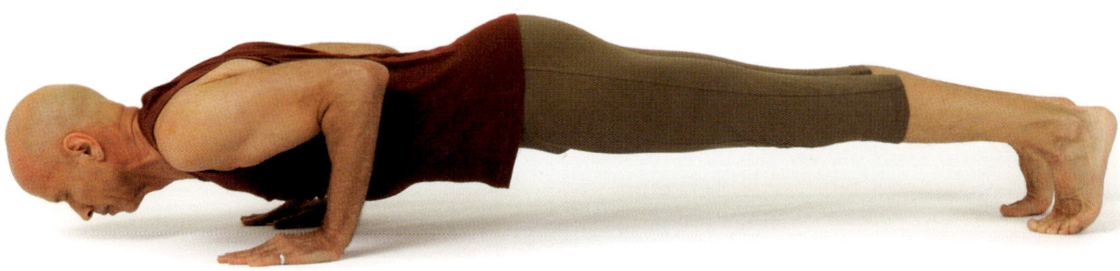

Sanfte Rückbeuge

Der Name in Sanskrit:
Supta baddha konasana
Supta = liegend
Baddha Kona = geschlossener Winkel

Mögliche Vorbereitungen für diese Haltung:
- **Dehnung der Beininnenseiten, Rücken**
- **Mobilisation Becken, Hüftgelenke, Rücken und Rumpf**

Diese Haltung kann auch ohne Vorbereitungsübungen durchgeführt werden.
Sie ist geeignet als Entspannungshaltung zu jeder Gelegenheit, zur Einstimmung vor einer Übungseinheit oder als Schlussentspannung

Wirkung:
- Öffnet Becken/Hüften
- Wohltuend während der Menstruation und Schwangerschaft
- Streckt die inneren Organe
- Bereitet für alle Stehhaltungen vor, bei denen das Becken geöffnet werden muss

Hilfsmittel: Gurt zum Fixieren der Beine, Handtuch als Unterlage für den Rücken oder den Kopf

Ausgangsposition
- Gurt in der dargestellten Sitz-Position um Rumpf und Füße anlegen (vergleiche Kapitel 3.1 Sitzposition 3 – Winkelsitz)
- In der Sitzposition die beiden Füße mit den Fußsohlen zusammenlegen
- Den Gurt mit einer großen Schlaufe um den Oberkörper legen und die Füße einfädeln; der Verschluss des Gurts sollte sich zwischen dem Oberschenkel und der Wade eines Beines befinden
- Jetzt den Gurt fester anziehen, unter Umständen werden die Füße noch näher angezogen; es ist darauf zu achten, dass der Gurt über dem unteren Ende des Kreuzbeines auf Höhe des Beckenkamms anliegt

So kommen Sie in die Übungsposition:
- Mit beiden Armen seitlich abstützen und Oberkörper nach hinten abrollen
- Beine während des Abrollens zum Oberkörper anziehen (Rücken schützen) und langsam wieder ablegen wenn der Oberkörper auf dem Boden liegt
- Nachdem die Rückenlage eingenommen wurde, Beine entspannen

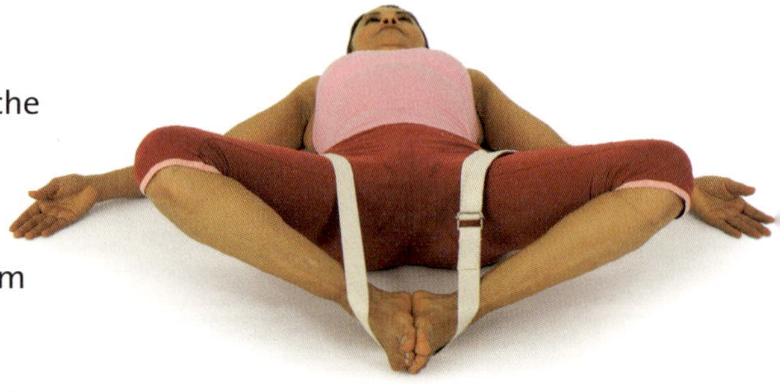

Empfohlene Übungsdauer
1 bis 3 Minuten

Allgemeines und wichtige Hinweise
In dieser Position stellt sich die natürliche Form der Wirbelsäule ein. Wenn Sie dies spüren, dann seien Sie also unbesorgt, denn es ist keine »Hohlkreuzbildung«, sondern in der Regel nur die normale Ausrichtung in ein physiologisches Hohlkreuz und daher unproblematisch. Sollten Sie den unteren Rükken dennoch unangenehm spüren, lösen Sie den Gurt und legen Sie einfach einen oder zwei Blöcke unter die Füße. Somit wird das Becken ein wenig nach hinten gekippt und die Lendenwirbelsäule entlastet.

Hilfsmittel und Erleichterungen
Der Gurt fixiert Beine und Becken. Er sollte nicht zu fest angezogen werden.
Handtuch als dünne Unterlage für den Hinterkopf.
Bei überstrecktem Hals höhere Unterlage einrichten.
Sollte sich in den Knien ein unangenehmes Gefühl einstellen (Menisken), verringern Sie die Beugung des Knies (Gurt lösen). Außerdem können Sie Blöcke links und rechts unter die Knie legen und sich dadurch Erleichterung verschaffen.

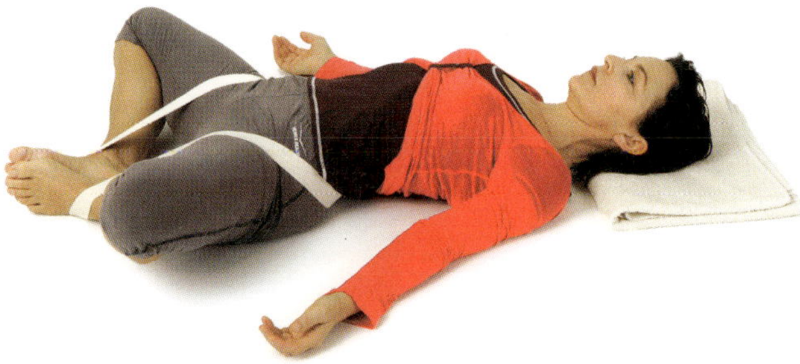

Die Ausführung im Yoga
Supta Baddha Konasana

In der Yoga-Praxis ist diese wohltuende Haltung weit verbreitet.

Sanfter Bogen

Der Name in Sanskrit:
Urdvha Dhanurasana
Gesprochen: »urdwa danurasana«
Urdvha = nach oben
Dhanu = Bogen

Wichtige Vorbereitungen für diese Haltung:
- **Kräftigung der Beine, Rumpf**
- **Mobilisation Becken, Rücken**
- **Dehnung, Mobilisierung, Kräftigung der Handgelenke**

Hilfsmittel: Ball

Ausgangsposition
- In Rückenlage beide Beine aufstellen
- Füße hüftbreit auseinander und parallel aufstellen
- Füße nicht zu weit weg vom Becken aufstellen
- Becken anheben und Ball unter das Kreuzbein / Becken legen
- Brustbein herausheben

Wirkung:
- Kräftigt Beine
- Regt das vegetative Nervensystem an
- Stabilisiert Rumpf und Rücken
- Verbessert die Atmung

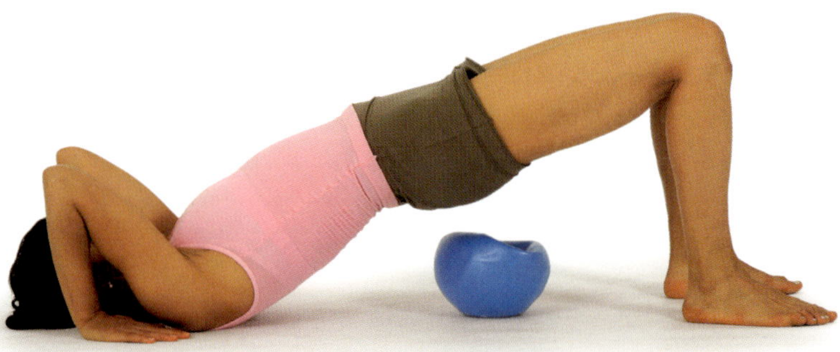

So kommen Sie in die Übungsposition:

- Beide Hände neben dem Kopf auflegen
- Fingerspitzen zeigen zu den Schultern
- Ellenbogen parallel lassen
- Mit beiden Händen beginnen in den Boden zu drücken
- Tief einatmen
- Becken anheben
- Knie nicht zur Seite ausweichen lassen
- Füße mehr mit der Innenkante in den Boden drücken
- Oberschenkel fest anspannen
- Brustkorb weit auswölben und öffnen
- Schultern nach innen bringen
- Maximal so weit nach oben kommen, bis der Rumpf auf der Schulterlinie aufsetzt
- Zum Auflösen der Haltung den Oberkörper langsam absetzen

Empfohlene Übungsdauer

5 bis 15 Atemzüge

Nachspüren

Dynamische Variante (in Bewegung)

- Ausatmen
- Oberkörper ist am Boden

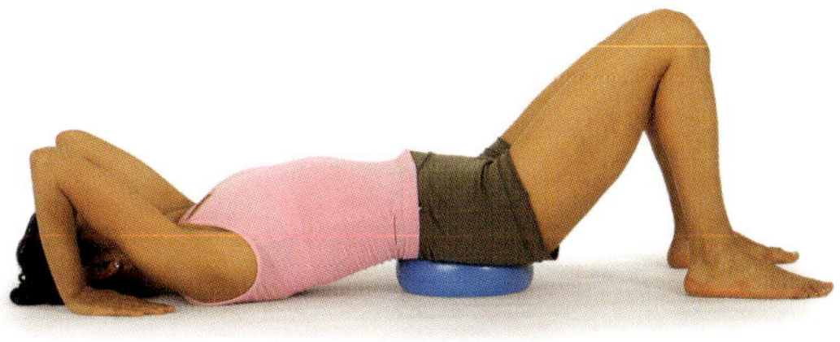

- Einatmen
- Becken heben
- Arme fest in den Boden drücken

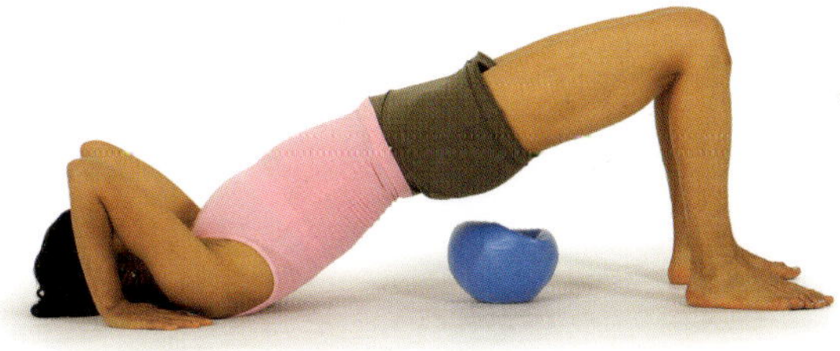

- Mit dem Ausatmen Oberkörper wieder absenken, usw.

Empfohlene Übungsanzahl

8 bis 20 Wiederholungen

! Die Atemzüge tief und lang ausführen

Hilfsmittel und Erleichterungen
Das Becken nicht so stark nach oben drücken, dass sich der untere Rücken unangenehm anfühlt – besser den Brustkorb öffnen und die Schultern zusammen ziehen.
Der Ball wird den persönlichen Bedürfnissen angepasst. Wenn eine sehr intensive Dehnung der Brustwirbelsäule möglich ist, darf der Ball sehr prall aufgepumpt sein. Für sanfte Varianten den Ball auf jeden Fall mit weniger Luft füllen.
Sollte der Kopf sehr stark nach hinten wegfallen, können Sie ihn mit einem Handtuch unterstützen. Sie müssen aber darauf achten, dass Sie sich nicht mit dem Kopf bzw. dem Nacken nach oben drücken. Kopf und Hals bleiben entspannt, die Kraftübertragung soll nur in Beinen und Armen stattfinden.

Für wen ist diese Übung besonders sinnvoll?
- Für alle mit schwacher Rumpf-, Schulter und Armmuskulatur
- Für alle mit Steifheit in der Wirbelsäule

Die Ausführung im Yoga
Urdvha Dhanurasana

Mit dem WOYO-Training können Sie sich auf diese komplexe Übung vorbereiten. Sie erfordert viel Kraft und Flexibilität im ganzen Körper. Besonders die Schultern und Arme müssen gut vorbereitet sein.
Dieses Asana verlangt dem Yogi viel Konzentration, Kraft und Technik und ab. Es sollte nur unter Anleitung eines erfahrenen Yogalehrers erlernt werden.

Der Hund, der nach oben schaut

Der Name in Sanskrit:
Urdhva mukha shvanasana
Urdhva = nach oben
Muhka = Gesicht
Shvana = Hund

Wichtige Vorbereitungen für diese Haltung:
- **Kräftigung Beine, Rumpf**
- **Mobilisation Becken, Rücken, BWS**
- **Dehnung, Mobilisierung, Kräftigung der Handgelenke und Schultern**

Wirkung:
- Öffnet die Brust
- Kräftigt Arme und Oberkörper

Hilfsmittel: Blöcke für die Handgelenke, Handtuch für die Knie

Vorbereitung (sanfte Version)
- Block quer legen und Handtuch als Polster auflegen
- In die Position kommen wie dargestellt
- Becken liegt auf dem Block
- Beine strecken, Fersen leicht nach außen drücken, Fußspann auf den Boden drücken
- Bauchdecke lang ziehen
- Mit den Unterarmen abstützen
- Schultern fest an den Oberkörper ansaugen
- Brustbein heben
- Hände schulterbreit auf den Boden legen, Handteller und Finger spreizen
- Oberkörper jetzt lang nach vorne ziehen
- Brustkorb nur soweit heben, wie der untere Rücken keine unangenehme Kompression (Stauchung) erfährt
- Weniger den Oberkörper aufrichten, dafür mehr die Wirbelsäule lang nach vorne ziehen

Intensive Variante (für Geübte)

- Kniestandposition wie dargestellt einnehmen, Füße hüftbreit öffnen
- Arme strecken
- Brustkorb anheben
- Schulterblätter an den Brustkorb anziehen
- Bauchdecke lang ziehen

Zwischenschritt

- Becken und Rumpf nach vorne schieben
- Schultern nach unten drücken, Brustkorb nach oben heben
- Arme gestreckt lassen
- Knie auf dem Boden lassen
- Den gesamten Rumpf in Richtung Kopf strecken

❶ **Becken nicht nach vorne durchdrücken, da sonst Druck auf den Lendenwirbelsäulenbereich aufgebaut wird. Versuchen, anstelle dessen den Oberkörper mit Kraft aus Schultern und Armen nach vorne/oben zu ziehen, um Länge im Rücken zu erzeugen.**

Endhaltung:

- Beine strecken
- Füße auf Fußrücken aufsetzen
- Fersen leicht nach außen drücken
- Volle Konzentration auf die Streckung des Rumpfes legen

Empfohlene Übungsdauer
Maximal 10 Atemzüge

Hilfsmittel und Erleichterungen
Blöcke unter den Händen erleichtern die gesamte Rückbeuge aus dem Rumpf und nehmen etwas Gewicht von den Handgelenken. Sie können ein Handtuch oder eine weiche Unterlage unter die Knie legen.

Anmerkungen
Nicht länger als 10 Atemzüge verweilen. Die Spannung im Rücken nicht verloren gehen lassen.

Prinzipiell kann die Übung auch mit abgelegten Knien kritisch sein. Oft wird zuviel Kraft und Konzentration darauf verwendet, den Oberkörper aus den Armen zu heben und den unteren Rücken zu stark zu beugen.
Gründe: Zu wenig Flexibilität im Oberkörper, zu wenig Kraft in Rücken, Schultern, Armen und Beinen.
Das Resultat ist eine starke Kompression im unteren Rücken und im Kreuz-Darmbein-Gelenk (Kreuzbein).
Die Voraussetzung für die Übung ist eine ausreichende Flexibilität im Oberkörper (Brustwirbelsäule), daher sollten viele Vorbereitungsübungen für die Brustöffnung und Rückbeuge im oberen Rücken vorangehen.

Die intensive Variante sollte vermieden werden bei
- Problemen im Lendenwirbelbereich bzw. im Kreuz-Darmbein-Gelenk
- Schulterproblemen
- Handgelenkproblemen (nur auf Ellenbogen abgestützte Variante ist sinnvoll)

Die Ausführung im Yoga
Urdhva Mukha Shvanasana

Mit dem WOYO-Training können Sie sich auf diese komplexe Übung vorbereiten. Sie erfordert viel Kraft und Flexibilität im ganzen Körper. Besonders die Schultern und Arme müssen gut vorbereitet sein.
Dieses Asana verlangt dem Yogi viel Konzentration, Kraft und Technik und ab. Es sollte nur unter Anleitung eines erfahrenen Yogalehrers erlernt werden.

Das sanfte, zielgerichtete
und vor allem intensive Beweglichkeitstraining
in Kombination mit dem Kraft- und Koordinationstraining beim WOYO
hat mir entscheidend bei der Beseitigung meiner Knieprobleme geholfen.
Durch die Verbindung von Entspannung und Kräftigung
gehe ich nach einer WOYO-Stunde sowohl mental
als auch körperlich ausgeglichener in den Tag.

Als Sporttherapeut und Personaltrainer kann ich WOYO nur weiterempfehlen.
Durch die gezielten Beweglichkeits-, Koordinations-, Kräftigungs- und
Entspannungsübungen aus traditionellem Yoga und modernen Trainingsmethoden,
vermittelt man Patienten bzw. Kunden innerhalb weniger Einheiten
ein komplett neues Körpergefühl.
Man erzielt Fortschritte, die vom Kunden nie erwartet worden wären.
Durch zielgerichtetes langes Dehnen in Kombination mit der Atmung
können Bewegungseinschränkungen wieder beseitigt werden.

Daniel Ramspott (28)
Diplomsportwissenschaftler mit Schwerpunkt Prävention und Rehabilitation,
Sporttherapeut, Personaltrainer, ärztlich geprüfter WOYO-Instruktor,
ehemaliger Leistungssportler (Volleyball)

3.5 Drehhaltungen

Sitz mit Blick nach hinten

Der Name in Sanskrit:
Marichyasana
Gesprochen: »mari tschi asana«
Marichi = ein Weiser
Parivrtta = gedreht

Anmerkung zur Namensgebung:
Diese Haltung ist eine Variante von Marichyasana (vgl. Kapitel »Sitzhaltungen« – Sitz mit Blick nach vorne)

Wichtige Vorbereitungen für diese Haltung:
- **Mobilisation und Dehnung von Becken, Rücken und BWS**
- **Vorbereitung für Drehhaltungen**
- **Kräftigung für Rumpf, Arme, Schultern**

Wirkungen:
- Öffnet den Brustkorb
- Unterstützt die Wirbelsäulenstruktur
- Ausrichtung und Anregung der inneren Organe
- Hebt die Stimmung
- Lindert Rückenschmerzen
- Entgiftet den Körper
- Regt den Stoffwechsel an

Hilfsmittel: Blöcke und/oder Handtuch als Sitzunterlage

Ausgangsposition
- Ausreichend Sitzhöhe schaffen
- Linkes Bein aufstellen
- Linke Ferse so nah wie möglich an den Körper heranziehen
- Rechtes Bein anwinkeln und Unterschenkel ablegen
- Oberkörper aufrichten
- Arme seitlich ausstrecken

So kommen Sie in die Übungsposition:
- Tief einatmen
- Mit dem Ausatmen den Oberkörper und rechten Arm so weit wie möglich nach links drehen
- Der rechte Arm auf der Außenseite des linken Oberschenkels kann nun als Hebel zum Aufdrehen des Oberkörpers genutzt werden.
- Die linke Hand in den Nierenbereich legen
- Blick so weit wie möglich nach hinten, ohne den Hals zu überdrehen

Empfohlene Übungsdauer
Einsteiger ca. 5 Atemzüge
Geübte bis ca. 15 Atemzüge
Nach Auflösen der Position **nachspüren**
Seitenwechsel

Hilfsmittel und Erleichterungen
Man sollte hoch genug sitzen, um das Becken in eine möglichst neutrale, aufgerichtete Stellung zu bringen. Diese Beckenstellung ermöglicht der Wirbelsäule, ein physiologisches Hohlkreuz zu bilden und damit eine günstige Ausgangsposition für die Torsion der Wirbelsäule (Verwringung der Körperlächsachse) zu schaffen.
Geeignet bei Schwangerschaft.

Anmerkung
Bitte achten Sie unbedingt darauf, dass Sie den Kopf bzw. den Hals nicht überdrehen. Wie bei allen Drehhaltungen unterschätzt man die nachteilige Wirkung von zu starken Verdrehungen der Halswirbelsäule. Drehen Sie nur die im Bereich der Brustwirbelsäule – Hals und Kopf setzen diese Drehrichtung nur sanft fort!

Die Ausführung im Yoga
Marichyasana (mit Blick nach hinten)

Mit dem WOYO-Training können Sie sich auf diese komplexe Übung vorbereiten. Sie erfordert viel Flexibilität im Rumpf, Becken, Rücken und in den Schultern.
Diese Haltung sollte nur unter Anleitung eines erfahrenen Yogalehrers geübt werden.

Einseitiger Winkelsitz – gedreht

Der Name in Sanskrit:
Parivrtta janu shirsasana
Gesprochen: »pari vritta janu schirschasana«
Parivrtta = gedreht, umgekehrt
Janu = das Knie
Shirsha = Kopf

Wichtige Vorbereitungen für diese Haltung:
- **Mobilisierung und Dehnung von Becken, Rücken und BWS**
- **Intensive Dehnung der Beinrückseiten**
- **Vorbereitung für Drehhaltungen**
- **Kräftigung Rumpf, Arme, Schultern**

Wirkungen:
- Stabilisiert den Blutdruck
- Korrigiert mit der Zeit Skoliosen
- Stärkt die Verdauungsorgane
- Entgiftet den Körper
- Regt den Stoffwechsel an

Hilfsmittel: Gurt zur Armverlängerung und zum Fixieren des Fußes, Handtuch oder Decke für den erhöhten Sitz

Grundhaltung
- Unterlage für Sitzhöhe einrichten (Handtuch oder Decke)
- Linkes Bein strecken
- Rechtes Bein anwinkeln und so weit wie möglich nach hinten nehmen; die Ferse vom angewinkelten Bein an die Oberschenkelinnenseite des gestreckten Beins bringen
- Gewicht gleichmäßig auf beide Gesäßhälften verteilen
- Mit einem Gurt den linken Fuß festhalten
- Den Oberkörper leicht nach vorne zum linken Bein neigen, aber den Rücken gerade lassen (kein seitliches Einbeugen der Wirbelsäule)
- Linke Hüfte nach vorne zum gestreckten Bein schieben; die rechte Beckenhälfte, Schambein, untere Bauchpartie und Brustkorb nach rechts drehen, so dass das Brustbein mehr und mehr zum angewinkelten Bein aufdrehen kann
- Tief und lang ein- und ausatmen

Intensivere Haltung (für Geübte)
- Wenn der Oberkörper bei der seitlichen Drehung aufgerichtet bleibt, kann noch weiter zum gestreckten Bein gedehnt werden
- Wichtig: Diese Dehnung kommt nicht aus dem Rücken oder der Taille, sondern aus dem Becken heraus
- Tief und lang ein- und ausatmen

Empfohlene Übungsdauer
ca. 5 bis 15 Atemzüge
Nachspüren
Seitenwechsel

Hilfsmittel und Erleichterungen
- Handtuch als Ausgleich für die Sitzhöhe
- Gurt für die Fixierung am Fuß
- Bei Kniebeschwerden einen Block unter das abgewinkelte Bein legen
- Geeignet bei Schwangerschaft

Wenn der Rücken rund ist, muss die Sitzunterlage unbedingt erhöht werden.

Den Rumpf stufenweise aufdrehen, um sich langsam an die Dehnung zu gewöhnen. Unbedingt hoch genug sitzen (bei Rund- oder Flachrücken) und nur drehen, wenn sich nach und nach ein physiologischen Hohlkreuzes einstellt!

Überdrehung des Kopfes und der Halswirbelsäule vermeiden. Bei dieser Drehhaltung ist die Gefahr nicht ganz so groß wie bei anderen Drehhaltungen (vergleiche entsprechende Positionen). Bitte beachten Sie, dass Sie nicht mit »Stress im Nacken« zu weit nach hinten schauen.

Anmerkungen
Dieser Sitz ist eine Variante zum klassischen Janu Shirsasana (vgl. Kapitel »Sitzhaltungen«). Auch bei der normalen Ausführung von Janu Shirsasana wird der Oberkörper gedreht, und zwar in die andere Richtung, d.h. zum gestreckten Bein. Dort wird aber der Effekt einer Öffnung der Brust kaum erreicht. Im Gegensatz dazu wird bei dem gedrehten einseitigen Winkel im Sitzen der Brustkorb sehr weit geöffnet. Deshalb spricht man von der »gedrehten« Variante.

Die Ausführung im Yoga
Parivrtta janu shirsasana

Mit dem WOYO-Training können Sie sich auf diese komplexe Übung vorbereiten. Sie erfordert viel Flexibilität im Rumpf, Becken, Rücken und Beinen.
Diese Haltung sollte nur unter Anleitung eines erfahrenen Yogalehrers geübt werden.

Umgedrehte Winkelstellung

Der Name in Sanskrit:
Parivrtta parshvakonasana
Gesprochen: »pari vritta parschwa konasana«
Parivrtta = gedreht, Parshva = seitlich
Kona = Winkel

Wichtige Vorbereitungen für diese Haltung:
- **Mobilisierung und Dehnung der Hände, Handgelenke, Arme, Schultern, HWS**
- **Mobilisierung Becken, Rücken**
- **Intensive Dehnung der Beinrückseiten und Beinvorderseiten**
- **Kräftigung der Beine, Rumpf**
- **Kräftigung und Mobilisierung der Füße und Fußgelenke**
- **Vorbereitungen für Drehhaltungen**

Wirkung:
- Stärkt die Beine und die Fußknöchel
- Öffnet die Hüften
- Fördert die Verdauung und schleust Giftstoffe aus dem Körper
- Empfehlenswert bei Ischias-Beschwerden
- Regt den Stoffwechsel an

Hilfsmittel: Block zur Stütze für den Arm, Handtuch oder Polster für Knie

Ausgangsposition
- In den Kniestand kommen (wie dargestellt)
- Hinteres Knie (rechts) so weit wie möglich nach hinten aufsetzen
- Vordes Bein (links) samt Fuß gerade ausrichten
- Linke Kniekehle befinde sich genau über der linken Ferse
- Block zum Abstützen links neben vorderen Fuß aufstellen
- Oberkörper aufrichten
- Rechten Arm nach oben heben
- Blick nach vorne
- Tief einatmen

So kommen Sie in die Übungsposition:
- Mit dem Ausatmen rechtes Bein strecken, hinteres Knie hebt ab
- Rechten Arm über den linken Oberschenkel bringen und auf dem Block abstützen
- Versuchen Sie, den Ellenbogen außen am Knie zu fixieren.
- Oberkörper zur linken Seite aufdrehen
- Linke Hand auf den Nierenbereich legen
- Brustbein heben und seitlich aufdrehen
- Innere Organe mit in Drehrichtung ziehen

Ansicht von hinten:

- Wirbelsäule dreht sich um ihre Längsachse, aber wird dabei nicht vor oder zurückgebeugt
- Kopf und Hals nicht überdrehen
- Vorderes Knie hat keinen spitzen Winkel (maximal rechter Winkel)
- Becken nicht durchhängen lassen sondern in einer Linie mit Oberkörper und gestrecktem Bein ausrichten
- Lang und tief ein- und ausatmen
- Auflösen der Haltung am einfachsten durch Aufsetzen des hinteren (linken) Knies

Empfohlene Übungsdauer
ca. 5 bis 15 Atemzüge
Nachspüren
Seitenwechsel

! Bei allen Drehungen des Kopfs muss die Halswirbelsäule vor Ausführung der Übung mobilisiert, gekräftigt und gedehnt werden!
Achten Sie darauf, dass Sie den Kopf nicht zu stark drehen. Die Drehhaltung sollte aus dem Rumpf erfolgen, bzw. vor allem aus dem Bereich der Brustwirbelsäule; der Kopf geht mit, aber er soll die Drehung nicht führen.

Bei Schwangerschaft
Sollten Sie diese Haltung vermeiden!

Anmerkungen
Durch diese sehr intensive Drehung aus dem Rumpf, werden die Entgiftungsorgane besonders angeregt. Dies kann sich bei jedem unterschiedlich auf das vegetative Nervensystem auswirken. Beobachten Sie sich daher bei Drehhaltungen sehr genau. Legen Sie nach dieser Haltung eine längere Pause zum Nachspüren und Regenerieren ein.

Die Ausführung im Yoga

Parivrtta parshvakonasana

Mit dem WOYO-Training können Sie sich auf diese komplexe Übung vorbereiten. Sie erfordert viel Kraft und Flexibilität im Rumpf und in den Beinen.
Sie sollte nur unter Anleitung eines erfahrenen Yogalehrers geübt werden.

Gedrehte Dreieckshaltung

Der Name in Sanskrit:
Parivrtta Trikonasana
Gesprochen: »pari vritta trikon asana«
Parivrtta = gedreht
Trikona = Dreieck

Wichtige Vorbereitungen für diese Haltung:

- **Mobilisation und Kräftigung Becken, Rücken, HWS**
- **Dehnung der Beinvorder- und Rückseiten**
- **Kräftigung der Beine, Rumpf**
- **Kräftigung und Mobilisation der Füße und Fußgelenke**
- **Kräftigung und Dehnung der Schultern, Arme, Hände**

Wirkung:

- Kräftigt die Beine sowie die Sehnen der Fuß- und Kniegelenke
- Fördert die Durchblutung des unteren Rumpfes und stärkt die Bauchorgane
- Lindert und vermindert Rücken- sowie rheumatische Beschwerden
- Hilft bei Verstopfung und Übersäuerung

Hilfsmittel: 2 Blöcke zum Abstützen der Hand sowie als Stütze für die Ferse, Ball für die bewusste Drehung und Baucharbeit

Ausgangsposition

- In Schrittstellung kommen
- Rechtes Bein (vorne) strecken, Fuß gerade ausrichten
- Linkes Bein strecken, Fuß schräg nach vorne ausrichten (60°)
- Neben der rechten Fußaußenkante einen Block hochkant aufstellen (als Unterstützung)
- Beide Beckenhälften parallel halten, dazu muss die linke (hintere) Hüfte nach vorne gedrückt werden
- Oberkörper aufrichten, Brustbein heben
- Hände in die Taille legen

So kommen Sie in die Übungsposition:

- Tief einatmen
- Mit dem Ausatmen Oberkörper gestreckt lassen und aus dem Becken heraus nach vorne kommen
- Mit der linken Hand auf dem Block abstützen
- Rechte Hand wird an den Nierenbereich am unteren Rücken gelegt
- Rücken bleibt lang gestreckt
- Tief und lang ein- und ausatmen
- Zum Auflösen der Haltung den Oberkörper mit einem tiefen Atemzug nach oben aufrichten

Empfohlene Übungsdauer
ca. 5 bis 15 Atemzüge
Nach Auflösen der Position im Stehen (Berghaltung) nachspüren
Seitenwechsel

Hilfsmittel / Besonderheiten
Setzen Sie unbedingt die Blöcke zur Unterstützung ein. Für die Kopfhaltung bzw. für die Drehung der Halswirbelsäule gilt das Gleiche wie bei Parivrtta Parshvakonasana (siehe vorherige Übung). Achten Sie, dass Sie den Kopf nicht zu stark mitdrehen und die Halswirbelsäule überdehnen!

Das Becken muss auf jeden Fall gerade bleiben und die gesamte Wirbelsäule lang gestreckt. Bitte keine Verdrehung um die Längsachse (Wirbelsäule) mit einem Vorbeugen der Wirbelsäule kombinieren – Verletzungsgefahr für den Rücken/Rumpf (Vergleiche auch vorherige Übung Parivrtta Parshvakonasana! Bei Gleichgewichtsstörungen, Erschöpfung und Schwindelzuständen sollten Sie diese Haltung nur besonders sanft ausüben oder ganz auf sie verzichten.

Bei Schwangerschaft
Sollten Sie diese Haltung vermeiden!

Anmerkungen
Die Übung kann bei verschobenen Bandscheiben hilfreich sein. Wir empfehlen aber eine moderate Intensität.
Weitere Vorteile der Übung sind: Stärkung der Beckenmuskulatur, Lösen von Spannungen in den Schultern, Entwicklung und Verbesserung von Balance und Gleichgewichtssinn.

Die Dauer der Haltung liegt bei 5- 20 Atemzügen pro Seite. Wir empfehlen eine Wiederholung der Übung auf beiden Seiten, da sie sehr komplex ist.

Die Ausführung im Yoga
Parivrtta Trikonasana

Mit dem WOYO-Training können Sie sich auf diese komplexe Übung vorbereiten. Sie erfordert viel Kraft und Flexibilität vor allem im Rumpf und in den Beinen.
Sie sollte nur unter Anleitung eines erfahrenen Yogalehrers geübt werden.

Als mir mein Rolfing-Therapeut WOYO empfahl,
war ich sehr skeptisch. Nach frustrierenden und
wenig erfolgreichen Jahren Training im Fitnesscenter
und ersten schmerzhaften Begegnungen
mit Yoga war ich ziemlich desillusioniert.
Meine erste WOYO-Stunde,
zu der ich überredet werden musste,
hat dies allerdings völlig verändert.
Diese Art der nicht konkurrierenden Aktivität,
die von meinem körperlichen Jetztzustand ausging,
hat mich von der ersten Minute an begeistert.
Ich habe mit anderen zugleich trainiert,
war aber dennoch für mich,
ohne an anderen gemessen zu werden
oder mich messen zu müssen.
Das Konzept hat mich so sehr überzeugt,
dass ich in der Zwischenzeit selber
die Ausbildung zum WOYO-Trainer
absolviert habe.

Stefan Hüsgen
WOYO-Instruktor, Marketing-Manager (48)

3.6 Umkehrhaltungen

Einfache Umkehrhaltung

Der Name in Sanskrit:
Viparita Karani
Viparita = umgekehrt
Karani = besondere Form des Übens

Wichtige Vorbereitungen für diese Haltung:
- **Mobilisation Beine, Rumpf, Becken und Rücken**
- **Dehnung der Beinrückseiten**

Wirkung:
- Beruhigt und erholt den Körper
- Nimmt den Blutstau aus den Beinen
- Fördert die Durchblutung des Beckens
- Entschlackt Beine und Füße

Hilfsmittel: Ball

Ausgangsposition
- Auf dem Rücken liegen
- Becken anheben und den Ball unter das Becken/Kreuzbein legen
- Mit beiden Armen seitlich abstützen
- Beine anheben und anwinkeln
- Wenn die Position stabil ist, beide Beine nach oben ausstrecken
- Wirbelsäule/Rumpf lang strecken
- Den unteren Rücken nach innen wölben und nicht zum Boden durchhängen lassen
- Kopf in leichte Doppelkinnposition bringen oder eine Decke als Unterlage für den Kopf benutzen

Empfohlene Übungsdauer
Einsteiger ca. 5 Atemzüge
Geübte bis ca. 25 Atemzüge
Nachspüren

Bei Schwangerschaft:
Die Übung ist auch während der Schwangerschaft durchführbar.

Wann sollte diese Übung nicht ausgeführt werden:
- Während der Menstruationstage
- Bei Thrombose-Risiko

Für wen ist diese Übung besonders sinnvoll?
- Für alle Übenden immer wieder empfehlenswert
- Für alle mit Rückenproblemen
- Bei eingeschränkter Beweglichkeit in der Wirbelsäule und Beckenbereich
- Bei schwacher Beinmuskulatur
- Für Schwangere bei Blutstau und Wasseransammlung in den Beinen

Anmerkung:
Die Intensität ist nicht zu unterschätzen. Die Umkehrung der Beine nach oben zur Decke löst Blutstaus in den Beinen und ist eine sehr gute Übung zur Entlastung der Venen und zur Entschlackung der Beine. Wenn Sie viel sitzen oder stehen, können Sie von dieser Übung besonders profitieren. Die Wirbelsäule wird durch die Rumpfstreckung entlastet und Verspannungen im Rücken lassen sich leichter auflösen.

Ausführung im Yoga
Im Yoga ist die dargestellte Variante von Viparita Karani weit verbreitet.

Vorbereitung Schulterstand

Der Name in Sanskrit:
Setu Bandha Sarvangasana
Setu = Brücke
Bandha = Verbindung
Sarva = als Ganzes, insgesamt
Anga = Glied, Körper

Wichtige Vorbereitungen für diese Haltung:
- **Kräftigung, Dehnung, Mobilisierung der Arme, Schultern und Rücken**
- **Kräftigung der Beine, Rumpf**
- **Mobilisierung Becken, Rücken**

Wirkung:
- Öffnet und weitet den Brustkorb
- Dehnt die Schultern
- Entspannende Wirkung
- Bringt wieder frisches Blut in die Beine zurück
- Stärkt die Atmung

Hilfsmittel: Blöcke, um das Kreuzbein abzustützen

Ausgangsposition
- In der Rückenlage beide Beine aufstellen
- Block in Reichweite an die Seite legen
- Becken anheben, Fersen von Boden abheben
- Den Block hochkant unter das Kreuzbein stellen
- Schulterblätter eng zusammen ziehen

- Langsam das Becken zurück senken
- Arme ausstrecken
- Brustbein weit nach oben herausheben
- Füße schulterbreit und parallel halten
- Knie und Oberschenkel nicht nach außen ausweichen lassen
- Tief und lang ein- und ausatmen

Empfohlene Übungsdauer
Einsteiger ca. 5 Atemzüge
Geübte bis ca. 25 Atemzüge

Für Geübte:
- Linkes Bein mittiger aufsetzen
- Rechtes Bein langsam anheben

Empfohlene Übungsdauer
Einsteiger ca. 5 Atemzüge
Geübte bis ca. 25 Atemzüge

- Rechtes Bein nach oben ausstrecken
- Rechten Fuß anziehen und Ferse lang dehnen

Wenn Sie die Position sicher halten können:

- Beide Hände zusammenbringen und die Finger ineinander verzahnen
- Arme strecken
- Schultern noch mehr nach außen/hinten drehen
- Brustbein noch weiter nach oben herausdehnen
- Etwa 5 bis 10 Atemzüge oben halten
- Seitenwechsel

Variante für Geübte:

- Beide Beine nach oben bringen
- 5 bis 15 Atemzüge halten

❶ Diese Position nur ausführen, wenn die Stabilität gewahrt bleibt und der Brustkorb aktiv nach oben gewölbt wird.

Nachspüren

Nach der Übung sollten Sie sich unbedingt einige Atemzüge Regeneration gönnen und die Beine ausstrecken

Wichtige Hinweise:
- Keine Unterlage unter dem Kopf
- Bei Problemen in der Halswirbelsäule, die Übung sanfter ausführen oder ganz darauf verzichten
- Bei Problemen mit der Unterstützung (Block ist zu hart oder noch zu hoch), die Übung sanfter durchführen
- Nicht während der Menstruation üben
- Nicht bei Thrombose-Gefahr üben

Bei Schwangerschaft
Die Übung ist während der Schwangerschaft durchführbar. Die Blöcke quer übereinander legen. Eventuell ein Handtuch als Polster darüber legen.

Wie kann die Übung sanfter durchgeführt werden:
Unterstützung für das Kreuzbein kleiner wählen. Hierzu einfach nur einen Block oder 2 Blöcke übereinander stapeln und quer unter das Kreuzbein legen.

Für wen ist diese Übung besonders sinnvoll?
- Für alle Übenden immer wieder empfehlenswert
- Für alle Mensch mit Rückenproblemen
- Für alle mit eingeschränkter Beweglichkeit in der Wirbelsäule und Beckenbereich

Die Ausführung im Yoga
Salamba Sarvangasana
Salamba = unterstützt
Sarva = als Ganzes, insgesamt
Anga = Glied, Körper

Mit dem WOYO-Training können Sie sich auf diese komplexe Übung vorbereiten. Sie erfordert viel Kraft und Flexibilität im ganzen Körper. Besonders die Schultern und Arme müssen gut vorbereitet sein.
Dieses Asana verlangt dem Yogi viel Konzentration und Technik und ab. Es sollte nur unter Anleitung eines erfahrenen Yogalehrers erlernt werden.

Vorbereitung Unterarmstand

Der Name in Sanskrit:
Pincha Mayurasana
Gesprochen: »pinscha majur asana«
Pincha= Feder oder Kinn
Mayura= Pfau

Wichtige Vorbereitungen für diese Haltung:
- **Kräftigung, Dehnung, Mobilisierung der Arme, Schultern und Rücken**
- **Dehnung der Beinrückseiten**
- **Kräftigung der Beine, Rumpf**
- **Mobilisierung Becken, Rücken**
- **Kräftigung und Mobilisierung der Beine und Füße**

Wirkung:
- Verbessert die Beweglichkeit in den Schultergelenken
- Kräftigt die Ober- und Unterarme
- Dehnt den gesamten Rumpf und die Beinrückseiten

Hilfsmittel: Gurt für die Fixierung der Arme, Block für den Abstand der Hände

Ausgangsposition
- Gurt um die Unterarme anlegen (Wichtig: nicht im Bereich des Ellenbogengelenks oder am Oberarm)
- Gurt so einstellen, dass die Arme eine Blockbreite Abstand haben
- In Knieposition wie dargestellt kommen
- Den Block mit beiden Händen umfassen; dabei sollten die Daumen nach innen zeigen und die Finger seitlich am Block fest gegen den Boden drücken
- Finger und Daumen so weit wie möglich spreizen
- Kopf anheben
- Schultern so weit wie möglich an die seitlichen Rippen ziehen
- Füße auf den Fußballen aufstellen, Knie abheben, Becken heben
- Oberkörper lang strecken

- Beine so weit strecken, wie es bei geradem Rücken möglich ist
- Blick nach unten zum Block richten und Kopf heben
- Handflächen fest in den Boden drücken
- Tief und lang ein- und ausatmen

Empfohlene Übungsdauer
Einsteiger ca. 5 Atemzüge
Geübte bis ca. 15 Atemzüge

Wichtiger Hinweis:
- Diese Übung nur so weit ausführen, wie der Rücken gestreckt bleiben kann.

Für Geübte:
- Linkes Bein mittiger aufsetzen
- Rechtes Bein langsam anheben, eventuell ganz strecken

Empfohlene Übungsdauer
Einsteiger ca. 5 Atemzüge
Geübte bis ca. 25 Atemzüge

Nachspüren
Nach der Übung sollten Sie sich unbedingt ein paar Atemzüge Regeneration gönnen! Siehe die Entspannungsposition beim Kopfstand.
Anschließend Seitenwechsel

Zusätzliche Variante für Geübte:

- Grundposition wie dargestellt
- Den Oberkörper aus den Schultern heraus nach oben heben und wieder senken
- Langsam ausführen, z.B. mit dem Einatmen heben und mit dem Ausatmen senken

Durch diese Übung wird die erforderliche Kraft in Armen, Schultern und Rumpf für die Umkehrhaltungen besonders gut trainiert.
Geübte schaffen 15 Wiederholungen.

Bei Problemen in der Halswirbelsäule sollten Sie besonders darauf achten, dass Sie den Kopf in der Übung nicht zu stark anheben. Daher unbedingt den Blick nach unten halten.
Bei Schulterproblemen (Schulterverletzungen, Luxationen in der Vergangenheit, Verletzung im Acromion) führen Sie die Übung sanfter aus.

Anmerkungen:
Die Vorbereitung des Unterarmstandes gehört zu den Klassikern bei WOYO.
Obwohl die Übung sehr vielfältige Anforderungen stellt, können Sie kaum etwas falsch machen. Außer bei Schulterproblemen können Sie die Übung uneingeschränkt und risikolos durchführen. Auch bei Rückenproblemen jeder Art (BSV, Spondylolisthesis, Skoliose, Verspannungen, etc.) ist diese Übung sehr geeignet, denn die gesamte Rückenmuskulatur wird intensiv eingesetzt, ohne dass die Wirbelsäule besonderem Druck oder Verformungen ausgesetzt wird.

Bei Schwangerschaft
Die Übung ist während der Schwangerschaft durchführbar. Ab der 18. Woche sollten Sie die Übungen deutlich sanfter und kürzer ausführen. Maximal 10 Atemzüge.

Wie kann die Übung sanfter durchgeführt werden:

- Knie deutlich gebeugt lassen
- Becken nicht so weit nach oben heben
- Übung kürzer ausführen

Für wen ist diese Übung besonders sinnvoll?

- Für alle Übenden immer wieder empfehlenswert
- Für alle mit Rückenproblemen
- Bei schwacher Rücken- und Rumpfmuskulatur
- Bei eingeschränkter Beweglichkeit in der Wirbelsäule, Becken und Schulterbereich

Die Ausführung im Yoga
Pincha Mayurasana

Mit dem WOYO-Training können Sie sich auf diese komplexe Übung vorbereiten. Sie erfordert viel Kraft, Balance und Flexibilität im ganzen Körper. Besonders die Schultern, Arme und die Rumpfkraft müssen sehr gut trainiert sein.
Dieses Asana verlangt vom Yogi viel Konzentration und Körperbeherrschung. Es sollte nur unter Anleitung eines erfahrenen Yogalehrers erlernt werden.

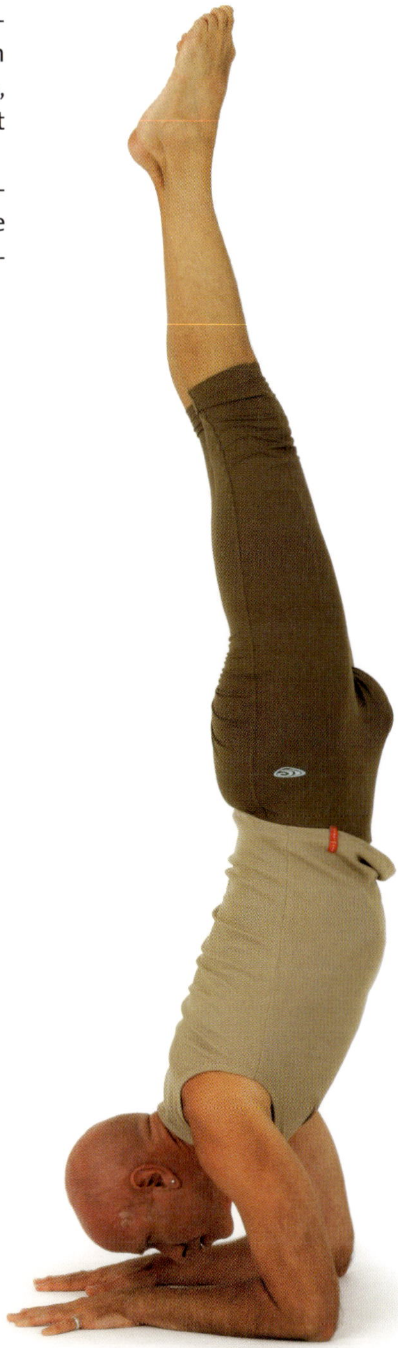

Vorbereitung Kopfstand

Der Name in Sanskrit:
Salamba Sirsasana
Gesprochen: »salamba schirschasana«
Salamba = Unterstützung
Sirsa = Kopf

Wichtige Vorbereitungen für diese Haltung:
- **Kräftigung, Dehnung, Mobilisierung der Arme, Schultern und Rücken**
- **Dehnung der Beinrückseiten**
- **Kräftigung der Beine, Rumpf**
- **Mobilisierung Becken, Rücken**

Wirkung
- Bringt gesundes und reines Blut in die Gehirnzellen
- Unterstützt die Blutzufuhr in die Hypophyse und in die Zirbeldrüse
- Stärkt die Lungen
- Kann Erkältungskrankheiten auskurieren
- Reguliert die Verdauung, hilft bei Darmträgheit

Hilfsmittel: Unbedingt rutschfeste Matte, Decke oder Handtuch als Unterlage für den Kopf

Ausgangsposition
- Legen Sie sich eine Decke oder großes Handtuch gefaltet auf eine rutschfeste Matte und knien Sie sich davor.
- Legen Sie die Unterarme und die Hände auf die Mitte der Decke.
- Der Abstand zwischen den Ellenbogen ist nicht größer als Schulterbreite
- Finger vollständig verschränken, dabei ist zu beachten, dass der zweite kleine Finger in der Handfläche liegt; formen Sie eine Schale mit den Händen und stellen Sie die Handgelenke gerade auf
- Den Scheitelpunkt des Kopfes (**Ursprungspunkt** = Punkt in der Mitte des Schädels) auf die Decke legen, so dass der Hinterkopf die Handflächen berührt; weder die Stirn noch der Hinterkopf, sondern allein der Scheitel des Kopfes darf auf der Decke liegen

- Becken und Knie anheben
- Lernen Sie jetzt, sich aus den Schultern heraus zu heben und bauen Sie die Basis für den Kopfstand auf.

Wichtige Faustregeln:

- Maximal 20% des Körpergewichts dürfen auf dem Kopf
  lagern, der Rest muss von den Schultern und Armen getragen werden
- Wenn die Arm- und Schulterkraft nachlässt und zu viel Kraft über den Kopf getragen wird (mehr als 20% des Körpergewichts), sollten Sie die Übung auf jeden Fall beenden bzw. eine Pause einlegen.

- Beine so weit strecken, wie es möglich ist, den Rücken gerade zu lassen
- Das Hauptgewicht tragen Armen und Schultern

Empfohlene Übungsdauer

Einsteiger ca. 5 Atemzüge
Geübte bis ca. 15 Atemzüge

Maximale Position:

- Abwechselnd rechtes und linkes Bein nach oben strecken
- Tief und lang ein- und ausatmen
- Nicht zur Seite ausweichen
- Bei nachlassender Kraft oder Instabilität sofort beenden

Nachspüren und Regeneration
Dazu sollten Sie eine der folgenden Haltungen einnehmen. Probieren Sie aus, welche Variante für Sie am angenehmsten ist. Bleiben Sie immer mindestens 5 bis 10 Atemzüge in dieser Haltung, nachdem Sie die Vorbereitung für den Kopfstand geübt haben.

Variante 1
- Kopf mit Stirn auf die weiche Unterlage legen
- Schultern loslassen
- Arme und Hände entspannt nach hinten auslegen

Variante 2
- Beide Hände zu Fäusten formen und übereinander legen
- Kopf mit der Stirn darauf ablegen

Variante 3
- Kopf mit Stirn auf die Erhöhung legen
- Schultern loslassen
- Arme und Hände entspannt nach hinten auslegen

❗ Bei Gleitwirbel (Spondylolisthesis) immer den Kopf abstützen (Variante 2)!

Zusätzliche Variante für Geübte:
Als Variante können Sie versuchen, den Oberkörper samt Kopf mehrmals vom Boden abzuheben und wieder abzusenken. Dabei trainieren Sie die für den Kopfstand notwendige Arm-Schulter-Oberkörperkraft.

Geübte schaffen 15 Wiederholungen

Der Kopfstand wird im Hatha Yoga oft als Königin aller Asanas bezeichnet. Da sich WOYO auch als Vorbereitungstraining für Yoga definiert, darf die Vorbereitung für dieses wichtige Asana natürlich nicht fehlen. Wir überschreiten aber eine bestimmte Grenze nicht: Ein Fuß bleibt auf jeden Fall am Boden. Der Kopfstand mit beiden Beinen nach oben, darf nur unter Anleitung eines erfahrenen Yogalehrers geübt werden und gehört ausschließlich in die dafür vorgesehenen Yogastunden!

Die Haltung sollte nicht eingenommen werden bei:
- Akuten Kreislaufproblemen
- Starken Kopfschmerzen/Migräne
- Unwohlsein oder Schwindelgefühl
- Vollem Magen (seit letzter Mahlzeit keine 4 Stunden vergangen)
- Menstruation
- Problemen mit der Halswirbelsäule

Bei Schwangerschaft
Die Übung können Sie während der Schwangerschaft bis ca. zur 18. Woche durchführen. Danach sollten Sie auf diese Übung verzichten.

Die Ausführung im Yoga
Salamba Sirsasana

Mit dem WOYO-Training können Sie sich auf diese komplexe Übung vorbereiten. Sie erfordert viel Kraft, Konzentration, Koordination und Körperbewusstsein.
Besonders Schultern, Arme und Rumpf müssen sehr gut trainiert sein.
Der Kopfstand sollte nur unter Anleitung eines erfahrenen Yogalehrers erlernt und geübt werden.

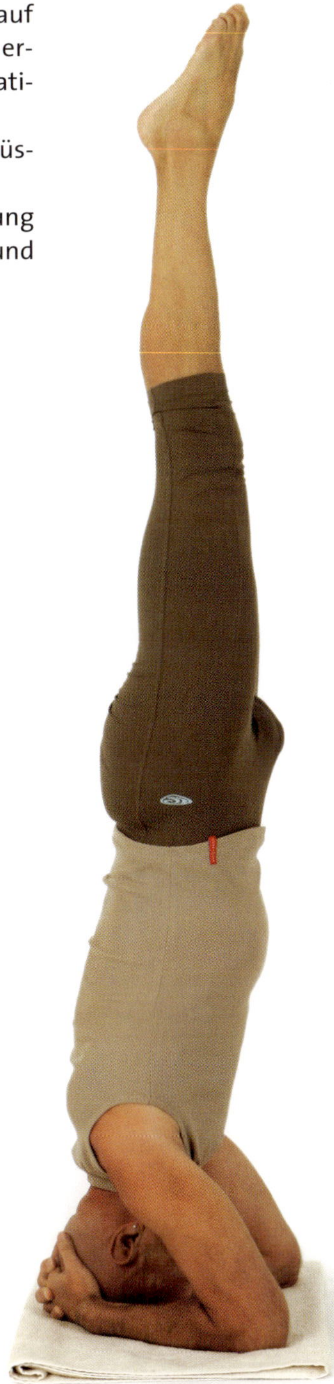

4 Entspannung

Ich kenne keine andere Trainingsmethode,
die so vielseitig und gleichzeitig so risikolos ist wie WOYO.
Jeder Teilnehmer erhält die Möglichkeit, die Übungen durchzuführen,
unabhängig von seinen persönlichen körperlichen Einschränkungen.
Durch den Einsatz der Hilfsmittel können wir Lehrer und
Ausbilder die Teilnehmer individuell in die für sie
optimale Übungsposition bringen.
Alter und Geschlecht spielen keine Rolle.
Durch WOYO verbessert sich die Flexibilität,
die Muskelstruktur und damit die ganze
innere und äußere Erscheinung des Körpers.

Mattheus Juan Els
WOYO-Ausbilder, Rolfer (35)

4. Entspannung

Im WOYO-Training favorisieren wir die Entspannungspositionen im Liegen. Zu Beginn einer Übungsreihe verleihen sie dem Körper die nötige Energie für die anstrengenden Übungen, zum Abschluss helfen sie, Körper und Geist zu entspannen und abzukühlen.

Gönnen Sie sich auf jeden Fall nach jeder Trainingseinheit ein paar Minuten der Ruhe und Regeneration. Aber auch wenn Sie das Bedürfnis dazu vor einer Trainingseinheit verspüren, können Sie sich mit einer Entspannungshaltung wunderbar für die kommenden Übungen vorbereiten.

Bei der Schlussentspannung sollten Sie darauf achten, dass Sie abkühlen aber nicht auskühlen. Ziehen Sie sich bei Bedarf ein paar Socken an und legen Sie sich eine Decke oder ein großes Handtuch über den Körper.

Beobachten Sie Ihren Zustand während der Schlussentspannung und vergleichen Sie dies mit Ihrem Befinden an anderen Tagen. Sie werden vielleicht feststellen, dass Sie nach der Schlussentspannung manchmal vital und wacher sind, an anderen Tagen wiederum fühlen Sie sich vielleicht schläfrig und erschöpft. Dies kann zum einen daran liegen, dass Sie erst seit kurzer Zeit WOYO üben und die Übungen Erschöpfung oder Müdigkeit verursachen, zum anderen ist es auch von der jeweiligen Tagesverfassung abhängig. Durch regelmäßiges Üben wird es Ihnen jedoch immer leichter gelingen, Körper und Geist in der abschließenden Entspannungsphase in Entspanntheit und Gelassenheit zu versetzen.

Sie sollten den Entspannungsteil immer im Anschluss an eine Übungseinheit durchführen! Lassen Sie dies zu einem Ritual werden. Schaffen Sie dafür eine für Sie angenehme Atmosphäre (Wärme, Musik, Duft, Licht). Diese Ritualisierung wird mit der Zeit ein unterbewusstes Signal, das Ihnen in der Entspannungshase hilft, mühelos »loszulassen«.

Grundposition für die Schlussentspannung

Der Name in Sanskrit:
Shavasana
Shava = Leichnam/Haltung

Wirkung:
Ganzheitliche Entspannung für Körper, Geist und Nervensystem

Hilfsmittel:
- Blöcke, Gurt als Unterstützung für angenehme Lage
- Decke oder großes Handtuch zum Abdecken
- Eventuell eine weitere Decke für den Hinterkopf

Anleitung für die Grundhaltung
Am besten aus einer Sitzposition ohne Hilfsmittel auf die Ellenbogen stützen und zurücklehnen. Rumpf und Beine sollen sich in einer Linie befinden. Für den Kopf eine weiche Unterlage vorbereiten. Der Kopf sollte nicht nach hinten fallen. Den Oberkörper langsam hinlegen, dazu den Rücken Wirbel für Wirbel zum Boden abrollen. Den Rücken auflegen, Rumpf, Arme und Beine zunächst strecken, danach loslassen und entspannen.

Schließen Sie die Augen und atmen Sie normal. Lassen Sie die Atmung ruhiger werden und versuchen Sie, mit den Gedanken nicht abzuschweifen, sondern lenken Sie Ihre Aufmerksamkeit auf Ihren Körper. Halten Sie die Augen still und entspannen das Gesicht komplett. Den Mundinnenraum (Zunge, Unterkiefer, Zähne) loslassen.

Lassen Sie jetzt Ihren Atem feiner und sanfter werden. Ihr Körper wird schwer und sinkt immer mehr in den Boden. Bleiben Sie so 5-10 Minuten ruhig liegen. Danach öffnen Sie die Augen langsam, ziehen die Knie an (Fußsohlen zunächst auf dem Boden) und drehen sich dann auf eine Seite (die Knie sinken zu Boden), bleiben Sie einen Moment in dieser Seitenlage liegen. Drehen Sie sich danach auf die andere Seite. Nach einem weiteren Moment der Ruhe kommen Sie aus der Seitenlage langsam zum Sitzen.

Sollten Sie in der Rückenlage ein unangenehmes Gefühl im Rücken haben oder sogar Rückenschmerzen verspüren, dann müssen Sie Ihre Beine höher lagern. Hierzu können Sie Blöcke unter die Oberschenkel legen. Auch andere, vielleicht sogar höhere Unterstützungen (Kissen, zusammengerollte Decke, etc.) sind sehr angenehm.

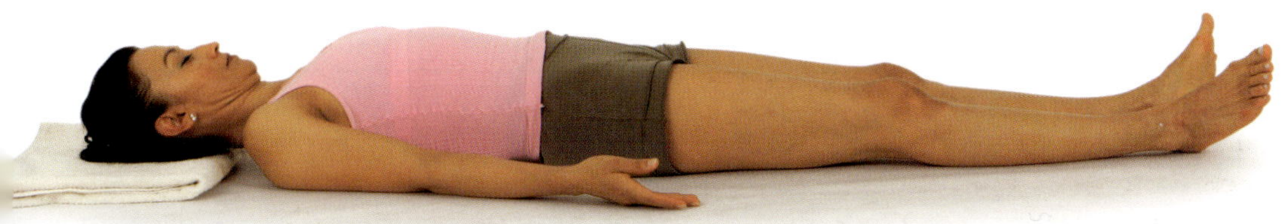

Grundhaltung

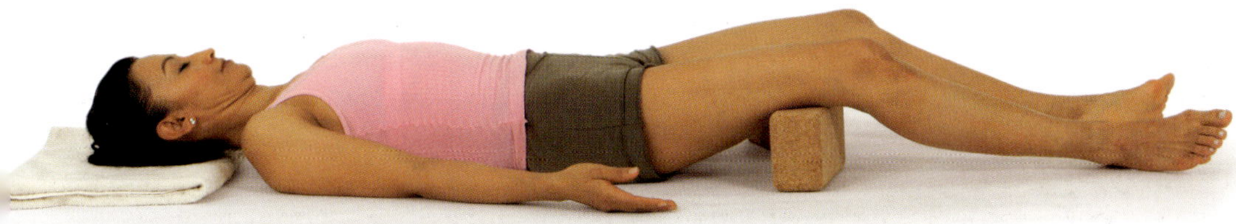

Entspannungslage mit Unterstützung unter den Beinen durch Blöcke

Entspannungslage mit Hilfe des Gurts, um die Beine zu entspannen und den Rücken angenehm auslegen zu können

Eine weitere Variante besteht darin, die Beine aufzustellen. Damit sich die Beine auch in dieser aufgestellten Lage wirklich entspannen können, legen Sie einen Gurt um die Oberschenkel, stellen Sie die Füße schulterbreit auf, wobei die Fußspitzen ganz leicht nach innen gerichtet sind.

Beachten Sie bitte bei Handicaps folgendes:

- Bei einem schwachen Herzen (Herzinsuffizienz) hilft es, den ganzen Oberkörper etwas höher zu lagern (dickes Kissen, Polster).
- Bei Schwangerschaft ist die Rückenlage nicht geeignet, stattdessen Seitenlage wählen.
- Wenn Sie nach einer Erkältung oder Bronchitis im Liegen ständig husten müssen oder wenn Sie Angstgefühle bekommen, sollten Sie den Oberkörper höher lagern (dickes Kissen, Polster) oder alternativ für 1-2 Minuten aufrecht sitzen!

Innere Ruhe und Gelassenheit verspüren

An manchen Tagen gelingt es uns sehr leicht zu entspannen. An anderen Tagen aber irritieren uns viele umherschwirrende Gedanken und verhindern so die Entspannung des Geistes. Hier ein paar Anregungen, wie man in der Entspannungsphase die Gedanken ruhiger werden lassen kann:

Muskulaturanspannung/Entspannung
Bewusste An- und Entspannung der Muskulatur leiten die Regenerations- und Ruhephase ein.

- Grundposition wie oben beschrieben
- Alle Muskeln dynamisch, aber nicht ruckartig anspannen und dann wieder loslassen
- Jeden Muskel miteinbeziehen (Füße, Beine, Gesäß, Bauch, Beckenboden, Rumpf, Arme, Hände, Rücken, Schultern, Nacken, usw.)
- Diesen Vorgang bis zu 6 mal wiederholen
- Nach dem letzten Durchgang Stille in den Körper zurückkehren lassen
- Alle Muskeln entspannen, »loslassen«
- Sanft und fein atmen

Atem zählen

Konzentriertes Beobachten des Atems schärft den Blick ins Innere.

- Grundposition wie oben beschrieben
- Sanft und fein atmen
- Atem beobachten
- Atemzüge zählen, 1 = einatmen, 2 = ausatmen, 3 = einatmen, usw.
- Wenn irritierende Gedanken den Zählfluss unterbrechen, einfach wieder von vorne beginnen
- Nach einer Weile, das Zählen weglassen
- Den Atem mit gleicher Konzentration weiterführen
- Die Beobachtung des Atems lenkt nach und nach von aufkommenden, irritierenden Gedanken ab

Körperreise

Eine Gedankenreise durch den Körper fördert das Körperbewusstsein.

- Grundposition wie oben beschrieben
- Sanft und fein atmen
- Den Körper genau bis in jedes Detail beobachten
- Systematisch alle Körperregionen und Körperteile innerlich betrachten
- Jeden Bereich und jede Stelle des Körpers (Hände, Finger, Handgelenke, Unterarme, Ellenbogen, Oberarme, Schultern, etc.) bewusst spüren
- Auch Haut, Haare, Augen, Zunge, Kehle, usw. in diese Reise mit einbeziehen
- Besonders an den Stellen nachspüren, die man beim Training zuvor besonders intensiv gespürt hat

Phantasiereise

In der Phantasie kann man das Unmögliche möglich machen. Während der Schlussentspannung in eine eigene Phantasiewelt zu reisen, ist keine Flucht vor der Realität oder dem Alltag sondern eine Quelle der Kreativität und der Inspirationen.

- Grundposition wie oben beschrieben
- Die Vorstellung von schönen Orten lenkt von anderen aufkommenden Gedanken ab
- Orte, Landschaften oder auch Plätze, die man kennt, werden mit angenehmen Farben, Gerüchen und Geräuschen in Verbindung gebracht
- Halten Sie sich in Gedanken an den schönsten Stellen auf und verweilen Sie dort so lange Sie wolllen

Und bitte denken Sie immer daran, eine Trainingseinheit ist nur mit einer Schlussentspannung komplett!

Anhang

Ausbildung

Aufgrund der großen Nachfrage nach WOYO-Kursen bieten wir seit 2003 eine spezielle Ausbildung zum WOYO-Instruktor an. Diese Ausbildung findet zweimal jährlich in München statt (Frühjahr und Herbst) sowie in weiteren deutschen Großstädten. Seit Herbst 2005 wird auch ein Zusatzmodul zum ärztlich geprüften WOYO-Instruktor angeboten.

Termine und Informationen erhalten Sie bei uns im
WOYO Club München
Lothstr. 3
80335 München
www.woyo.de
Tel. 089 – 14 33 0123
Sie können uns natürlich auch direkt schreiben: club@woyo.de

Hilfsmittel

Die Hilfsmittel können Sie beziehen bei:
Bausinger GmbH
Hauptstr. 12
72479 Straßberg-Kaiseringen
www.bausinger.de
Tel. 07434 - 600 und 607
Fax 07434 - 604
info@bausinger.de

Danksagungen

Dieses Buch ist durch die Mitarbeit und Unterstützung von vielen Menschen und Firmen entstanden.
Deshalb bedanken wir uns ganz herzlich bei:

Pony Club München / Aveda
  Hair-Stylin, Make-Up
  Styling für Models
Bausinger Gmbh
  Ausstatter für Yogazubehör
  WOYO-Zubehör für Fotos
Dr. jur. Dieter Pracht
  Rechtsanwalt, WOYO-Teilnehmer
  Kommentar
Dr. med. Alois Englhard
  Orthopäde
  Kommentar
Dr. med. Gunnar Spohr
  Arzt, Osteopathie, Dozent für Anatomie
  Kommentar
Dr. med. Wolf Lessl
  Sportmediziner, Chirotherapie
  Kommentar
Eric Brown
  Yogalehrer
  Model für Fotos
Fabiola Oettel
  Yogalehrerin, WOYO-Instruktorin
  Model für Fotos
Gertaud Biedermann
  Bankkauffrau, WOYO-Teilnehmerin
  Kommentar
Jutta Hannecker
  Venice Beach
  Bekleidung der Models
Lisa Seitz
  Agentin für Schauspieler
  Model für Fotos
Mattheus Els
  WOYO-Instruktor, Rolfer
  Kommentar
Stefan Goerlich
  Fotograf
  Fotograf der WOYO-Bilder
Susanne Waldmüller
  WOYO-Instruktorin
  Model für Fotos
Barbara Berg
  Architektin
  Kommentar
Gräfin Charlotte von Bismarck
  Kommentar
Ima, Ava und Ernst Kalff
  Kommentar
Thomas Mailhammer
  Dipl. Betriebswirt
  Kommentar
Petra Margosch
  Sport- und Physiotherapeutin
  Kommentar
Daniel Ramspott
  Diplomsportwissenschaftler, Sporttherapeut
  Kommentar

Vielen Dank auch allen WOYO-Instruktoren und WOYO-Übenden für die wichtigen Verbesserungsvorschläge, die zur ständigen Weiterentwicklung von WOYO beitragen.
Abschließend gilt unser Dank unseren Yoga-Lehrern Michael Forbes, Margarete Eckl (IYOGA, München), Dr. Patrick Broome (Jivamukti Yoga München), sowie Eric Brown für Ihre Wissensvermittlung, Geduld und Güte.